AF360943

TOUTES LES
DANSES MODERNES
ET
LEURS THÉORIES COMPLÈTES
par
Le Professeur D. Charles
AVEC
120 FIGURE
DE PAS
CHARLESTON
BLACK
BOTTOM
S. BORNEMANN ÉDITEUR - PARIS

TOUTES LES
DANSES MODERNES
-:- ET -:-
LEURS THÉORIES COMPLÈTES

PAR LE PROFESSEUR
D. CHARLES

ONE STEP
FOX TROT
FOX BLUES
BLUES
SCOTTISCH ESPAGNOLE
PASO DOBLE
JAVA
VALSE
BOSTON SIMPLE
BOSTON HÉSITATION
TANGO
SAMBA
FIVE STEP
CHARLESTON FRANÇAIS
CHARLESTON AMÉRICAIN

PARIS
S. BORNEMANN, ÉDITEUR
15, Rue de Tournon, 15

NOTA

Dans les figures, les pas du danseur et de la danseuse sont représentés ainsi :

Pas du danseur

Pas de la danseuse

Quand le pas de la danseuse n'est pas expliqué, c'est qu'il ne diffère pas de celui du danseur. La danseuse devra faire dans ce cas le pas inverse correspondant à celui du danseur (pieds opposés).

PRÉFACE

—

Le Recueil que je vous présente, Amis de la Danse, est le résumé des pas qui vous sont démontrés dans les différents Cours de Danse dignes de ce nom et sont ceux que vous verrez danser, quel que soit l'endroit où vous aurez l'occasion de vous trouver.

Il vous aidera à apprendre vite, à vous souvenir d'un pas oublié.

J'ai cherché à vous offrir un guide sûr, un conseiller, je me suis efforcé de bien vous faire comprendre la nuance et le caractère différents de chaque danse, par une analyse des pas qui, tout en se ressemblant comme dessin dans certains cas, varient de couleur suivant la danse que vous désirez faire.

Il y a l'allure de chaque danse que vous ne pourrez acquérir qu'avec la fréquentation d'un cours sérieux où vous voudrez bien tenir compte des conseils de votre professeur.

Le Rythme est la base de la Danse, il est donné par l'interprétation de la musique.

La Danse est aujourd'hui dans nos mœurs, elle nous distrait, nous développe, nous conserve la santé, c'est le meilleur médecin. Elle met en relief les charmes et la souplesse de la femme, ainsi que votre élégance. Aussi, Messieurs, lorsque la musique se fait entendre, si vous pouviez vous douter de la déception de ces charmantes danseuses qui attendent votre bon vouloir pour danser, vous ne resteriez pas immobiles, vous jetteriez bien vite votre cigarette, et si vous ne savez pas danser, vous consulteriez sans tarder ce recueil de façon à ne pas manquer à vos devoirs mondains qui, ma foi, ne sont pas si désagréables.

D. CHARLES

ONE STEP

Battements 126 à la Noire
Se danse sur une mesure à deux temps
un pas par temps

....

Marche avant. — Partir en avant du pied droit, faire cette marche le plus naturellement possible, sans raideur, ni contrainte.

Marche arrière. — Partir en arrière du pied gauche, en portant la pointe du pied le plus loin possible.

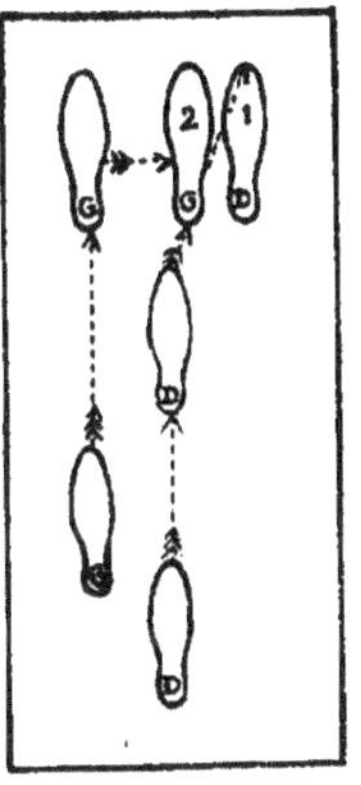

Fig. 1

Pas de côté - (fig. 1). — Pendant la marche avant, lorsque le pied droit quitte le sol, le porter légèrement à droite sur le même alignement que le pied gauche. — 2ᵉ *temps* : Assembler le pied gauche au droit et repartir du droit en avant.

Assemblé droit - (fig. 2). — Même pas dans le sens de la marche.

Assemblé en tournant - (fig. 3). — 1ᵉʳ *temps* : Un pas du pied droit en avant. — 2ᵉ *temps* : En portant le pied gauche en avant,

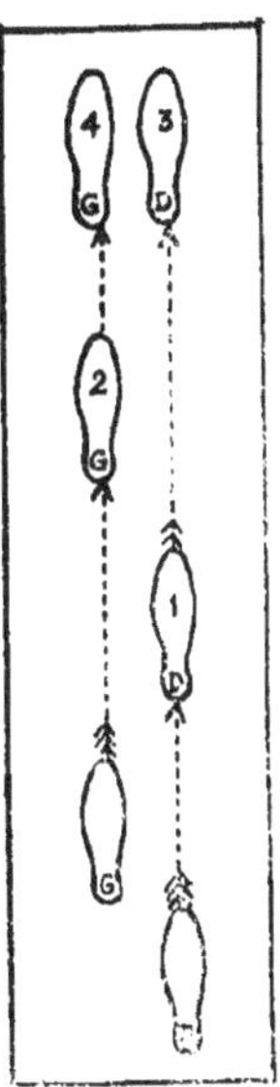

Fig. 2

tourner d'un quart de tour sur la droite. — *3ᵉ temps :* En tournant d'un autre quart de tour dans le même sens, assembler le pied droit au gauche, reprendre la marche du pied gauche en arrière

On peut faire le même pas dans le sens inverse en commençant sur le pied gauche. Pour revenir de la marche arrière à la marche avant, faire les mêmes pas.

Glissades de côté - (fig. 4). — *1ᵉʳ temps :* En portant le pied gauche en avant, pivoter d'un quart de tour à droite sur le pied droit. — *2ᵉ temps :* Assembler le droit au gauche. — *1ᵉʳ temps :* Pied gauche à gauche. — *2ᵉ temps :* Assembler le droit au gauche.

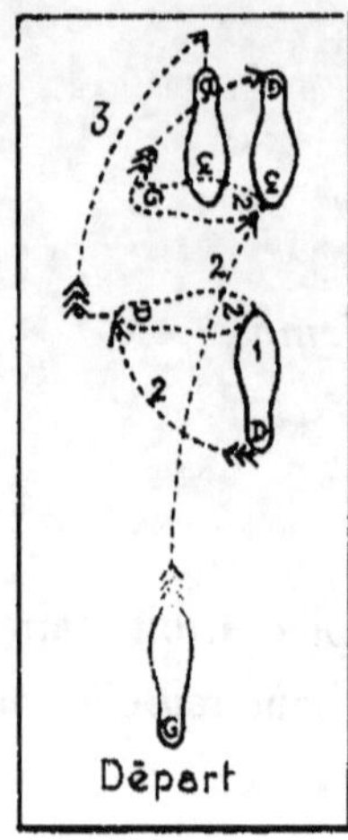

Fig. 3

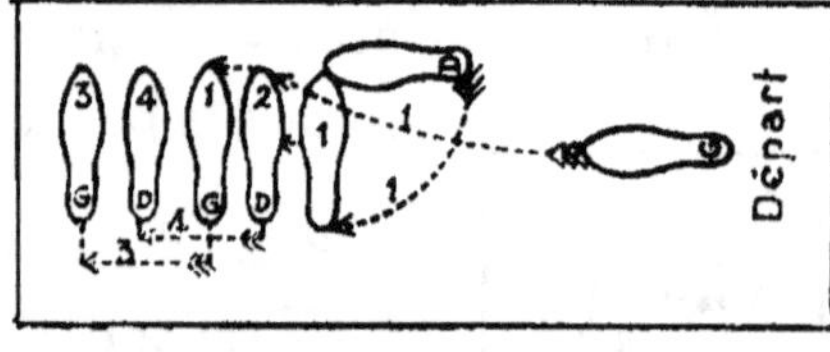

Fig. 4

Pivot sur place - (fig. 5). — Le pied droit du danseur en avant, à côté du pied droit de la danseuse et le pied gauche derrière, porter alternativement le poids du corps sur le pied avant et le pied arrière en tournant sur le côté droit, conserver toujours le pied droit en avant et le gauche derrière.

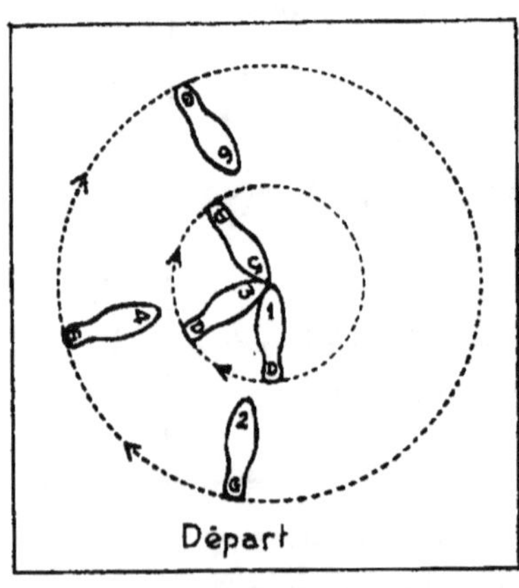

Fig. 5

Pivot en avançant - (fig. 6). — Faire le même pas en suivant le tour de la salle.

Pas argentin - (fig. 7). — *I*er *temps :* Un pas de marche avant du pied droit. — *2*e *temps :* Croiser le pied gauche devant le pied droit. — *3*e *temps :* Porter le pied droit à droite. — *4*e *temps :* Assembler le pied gauche au droit. La danseuse fait les pas correspondants en arrière.

Pas manqué - (fig. 8). — *I*er *temps :* Un pas droit en avant. — *2*e *temps :* Un battu du gauche à côté du droit, reprendre la marche en avant du pied gauche, faire la même chose en commençant du pied opposé.

Demi-tour croisé - (fig. 9). — *I*er *temps :*

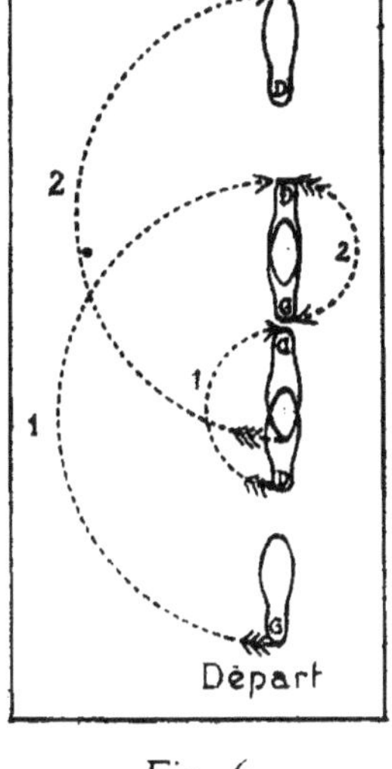

Fig. 6

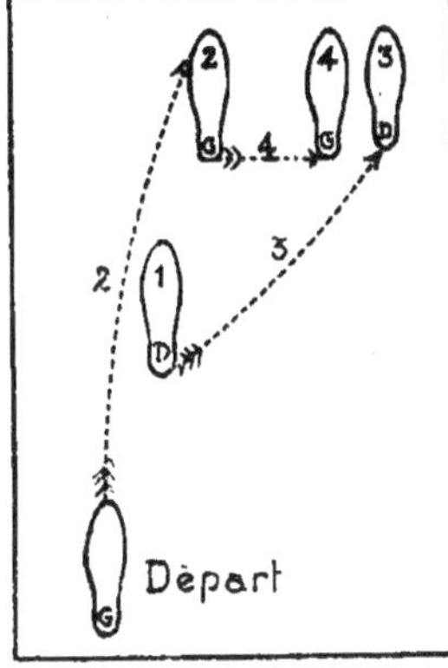

Fig. 7

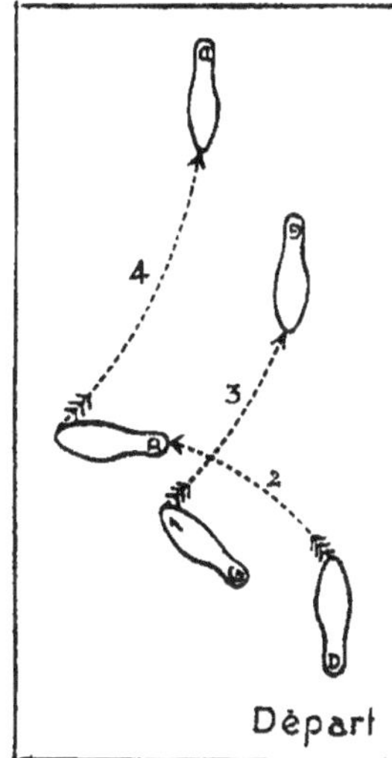

Fig. 9

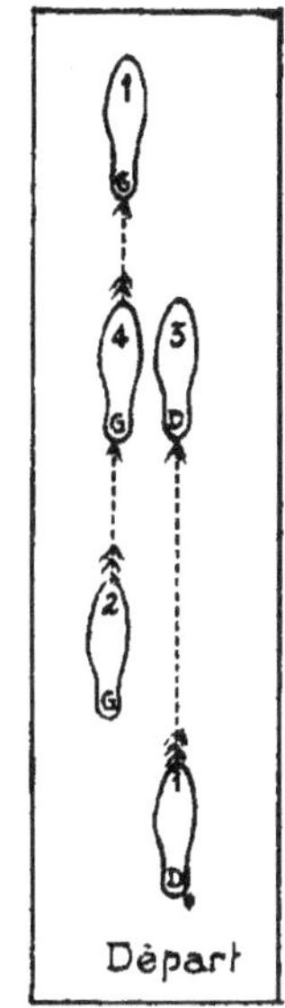

Fig. 8

Un quart de tour sur le gauche en portant le pied gauche en avant. — *2ᵉ temps* : Toujours en tournant, croiser le pied droit devant le gauche. — *3ᵉ temps* : En finissant le demi-tour, dégager le pied gauche en le portant en arrière. — *4ᵉ temps* : Porter le pied droit en arrière.

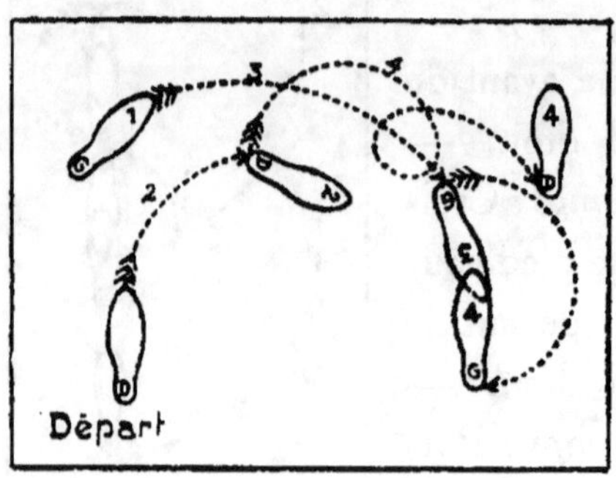

Fig. 10

Pas tourné - (fig. 10). — En marchant, commencer pour le danseur du pied gauche et la danseuse du droit, trois pas, marche sur le côté en tournant pour faire un demi-tour. — *4ᵉ temps* : Un pivot d'un demi-tour sur le gauche pour finir, continuer ou reprendre la marche.

L'Eventail - (fig. 11). — *1ᵉʳ temps :* Sur un pas de marche du pied droit en avant, faire tourner sa danseuse sur la droite en ouvrant la position. — *2ᵉ temps :* Un pas du gauche en avant pour le danseur, pour la danseuse un pas du droit en avant. — *3ᵉ temps :* Le danseur croise le droit devant le gauche, la danseuse porte le gauche devant le droit. — *4ᵉ temps :* Sur un pas de marche du pied gauche en avant, faire revenir la danseuse devant soi. En revenant, la danseuse a bien soin de porter le pied droit en arrière.

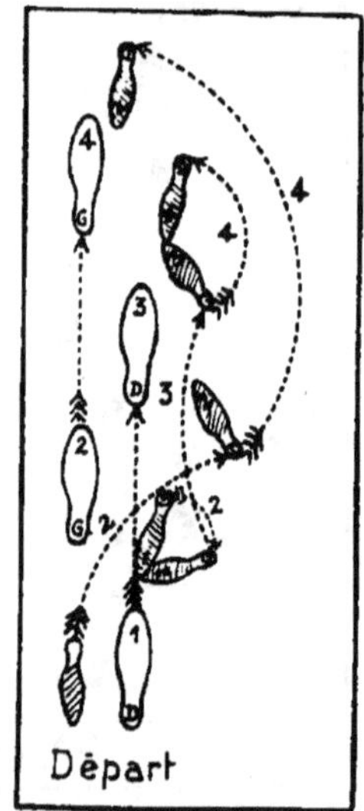

Fig. 11

Pas doublé simple - (fig. 12). — Ce pas rappelle le pas de Two-Step. Porter le pied droit en avant et assembler aussitôt le gauche (deux mouvements pour un temps). — *2ᵉ temps* : Un pas de marche du pied droit. Le même pas se fait en partant du pied gauche.

Pas doublé alterné. — Faire ce pas doublé une fois sur le pied gauche et une fois sur le droit avec intervalle de quelques pas de marche.

Pas doublé double - (fig. 13). — *1ᵉʳ temps* : Un pas doublé. — *2ᵉ temps* : Un deuxième pas doublé. — *3ᵉ temps* : Reprendre la marche.

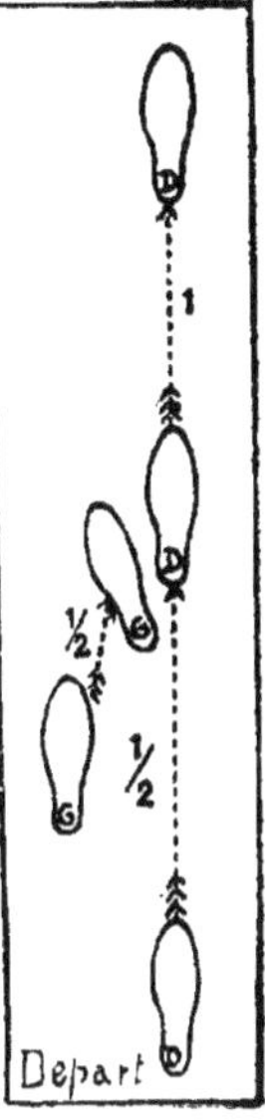

Fig. 12

Pas doublé double alterné. — *2ᵉ temps* : Deux fois le pas doublé. — *3ᵉ temps* : Un pas de marche du même pied, reprendre les pas doublés sur l'autre pied, etc.

Pas doublé de côté - (fig. 14). — *1ᵉʳ temps* : Porter le pied gauche de côté et assembler aussitôt le droit. — *2ᵉ temps* : Porter à nouveau le pied gauche de côté. — *3ᵉ temps* : Assembler le droit.

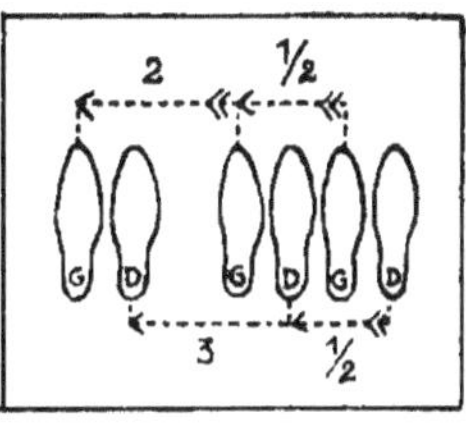

Fig. 14

Fig. 13

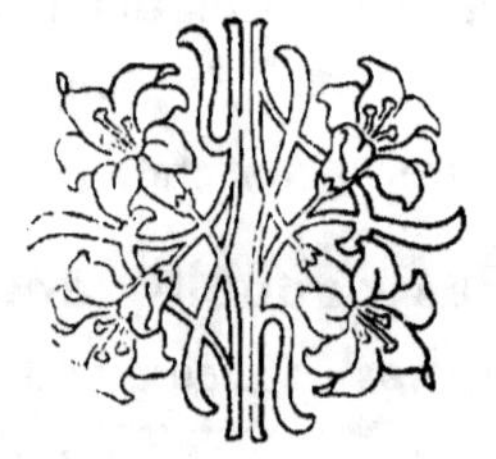

FOX-TROT

Battements 160 à la Noire

Mesure à quatre temps, deux temps par pas

Marche. — *1er temps* : Porter le pied droit en avant. — *2e temps* : Arrêt, recommencer avec l'autre pied. Ne pas mettre deux temps pour faire un pas, mais un temps de façon à marquer un temps d'arrêt, sinon c'est du one step sur de la musique de fox-trot.

Pas de côté - (fig. 1). — *1er temps* : Un petit pas du pied droit à droite. — *2e temps* : Assembler le gauche au droit, reprendre la marche en avant du pied droit.

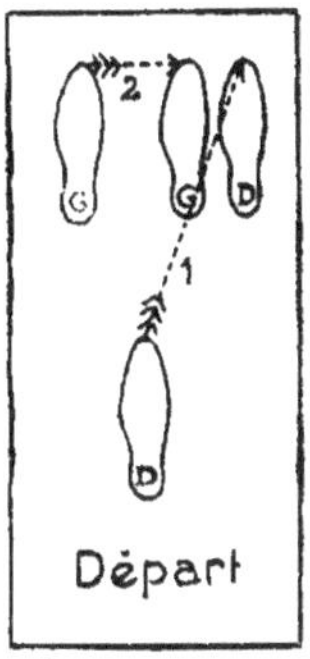

Assemblés de côté - (fig. 2). — *1er temps* : Porter le pied gauche de côté dans le sens de la danse. — *2e temps* : Assembler le droit au gauche.—*3e temps*: Reporter le pied gauche à gauche. — *4e temps* : Arrêt. — *5e temps* : Assembler le droit au gauche. — *6e temps* : Arrêt.

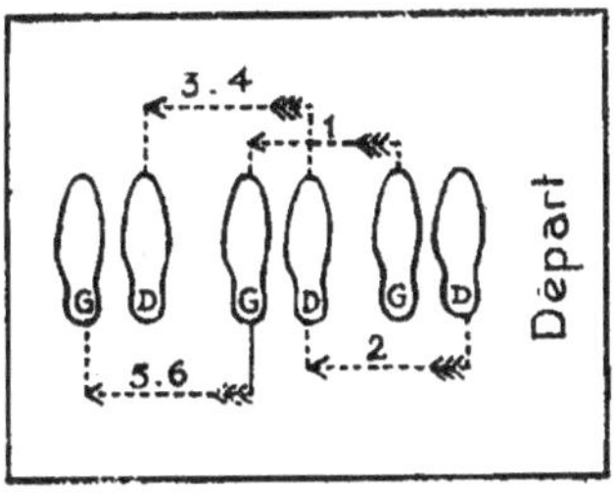

Fig. 1

Fig. 2

Pas du cheval - (fig. 3). — *1er temps* : Faire un petit pas du pied gauche à gauche en conservant le poids du corps

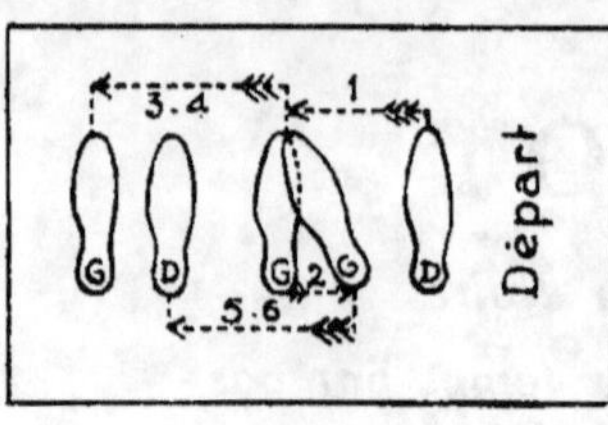

Fig 3

sur le pied droit. — *2ᵉ temps* : Arrêt. — *3ᵉ temps* : Porter à nouveau le pied gauche plus loin, cette fois en portant le poids du corps dessus. — *4ᵉ temps* : Arrêt. — *5ᵉ temps* : Assembler le pied droit au pied gauche. — *6ᵉ temps* : Arrêt.

Pas piétinés - (fig. 4). — Ce pas est l'ancien changement de pas, mais il se fait sur place. Après un pas de marche du pied droit (2 temps), assembler le pied gauche au droit (1 temps), soulever le pied droit et le reposer. Aussitôt à la même place (1 temps), reprendre la marche à deux temps du pied gauche.

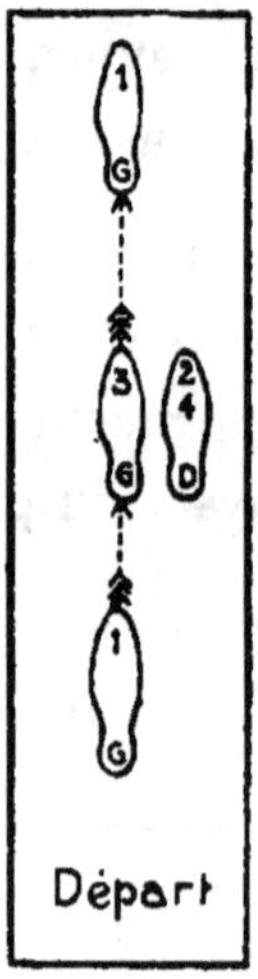

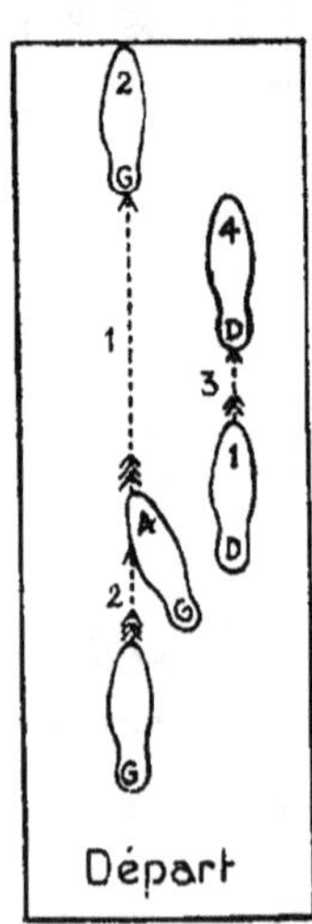

Fig. 5

Jazz - (fig. 5). — Ce pas se fait en avant, en arrière et en tournant à gauche ou à droite. — *1ᵉʳ temps* : Un petit pas du pied droit en avant. — *2ᵉ temps* : Assembler le pied gauche au pied droit. — *3ᵉ temps* : Un grand pas du pied droit en avant. — *4ᵉ temps* : Arrêt.

Fig. 4

Jazz en tournant à droite - (fig. 6). — *1ᵉʳ temps* : Un petit pas du pied gauche à gauche et en tournant à droite. — *2ᵉ temps* : Toujours en tournant, assembler le pied droit au pied gauche. — *3ᵉ temps* : Un pas du pied gauche en arrière. — *4ᵉ temps* : Arrêt.

Recommencer en partant du pied droit à droite pour finir le tour complet avec le deuxième pas de Jazz.

Pour tourner à gauche, reprendre en sens inverse avec le pied opposé.

Pas courus. — Ces pas se font par trois, un pas par temps, suivis d'un temps d'arrêt, soit en avant, soit en arrière. Ces pas accompagnent généralement le pas de Jazz.

Pivots. — La même chose que le One Step avec deux temps par pas.

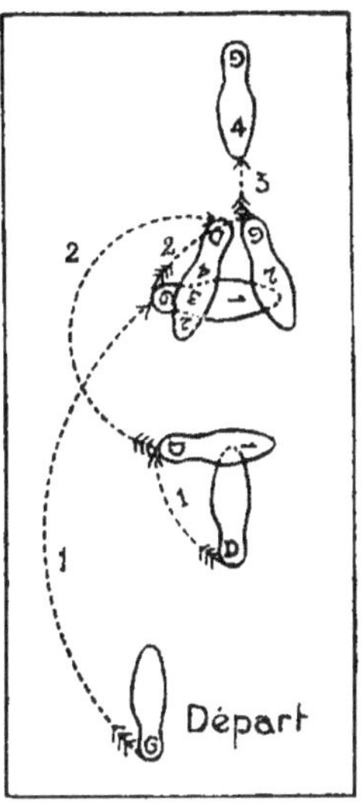

Fig. 6

....

Pas de Fantaisie

Avec les pas précédents, vous pouvez composer à l'infini des pas de fantaisie :

Exemple. — Un pas de Jazz en tournant à droite et en partant du pied gauche, trois pas courus en arrière en partant du pied droit, un temps d'arrêt et un pas de Jazz en partant du pied gauche.

FOX-BLUES

Battements 152 à la Noire
Mesure à 4 temps, 2 temps par pas

Marche. — Deux temps par pas comme pour le Fox-Trot.

Le tour en quatre pas - (fig. 1). — *I*[er] *temps* : Porter le pied gauche en avant la pointe ouverte. — *2*[e] *temps* : Porter le pied droit en arrière en tournant sur le pied gauche. — *3*[e] *temps* : Un pas de marche du pied gauche en arrière. — *4*[e] *temps* : Soulever le pied droit, pivoter sur le gauche et poser à terre le pied droit en arrière en soulevant le gauche. Ce pas se fait également sur le pied droit en tournant dans l'autre sens.

Tour détourné - (fig. 2). — *I*[er] *temps* : Porter le pied droit en avant la pointe ouverte. — *2*[e] *temps* : En tournant à droite, porter le pied gauche en arrière. — *3*[e] *temps* : En tournant sur la gauche, porter le pied droit en arrière. — *4*[e] *temps* : Finir de tourner

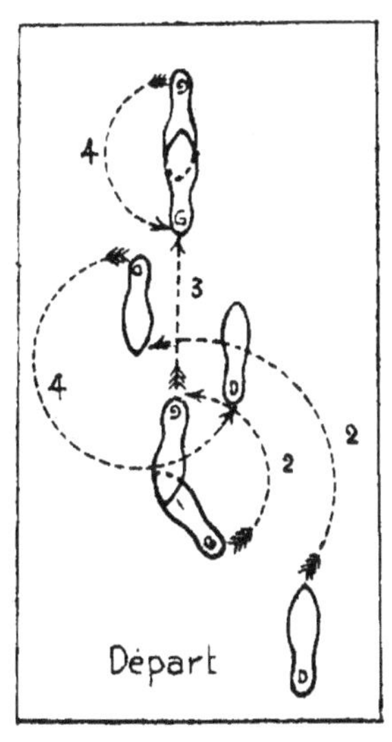

Fig. I

sur la gauche en portant le pied gauche
en avant dans le sens de la danse.

Pas d'arrêt. — Faire un pas de
marche à deux temps en avant du pied
droit. — *Ier temps* : Porter le pied
gauche en avant. — *2e temps* : Porter
le poids du corps sur le pied droit en
arrière et reprendre la marche à deux
temps en avant.

Pas du cheval en tournant -
(fig. 3). — Ce pas se tourne aussi
bien en avant qu'en arrière, faire le
pas du cheval
(voir Fox-Trot)
en portant au
troisième temps le pied gauche, soit en
avant ou en arrière, mais
toujours faire le premier
temps sur le côté.

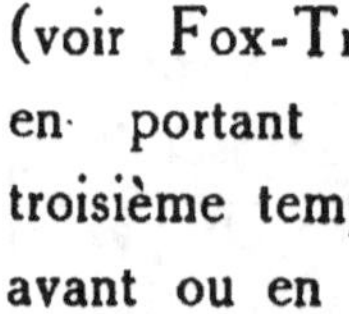

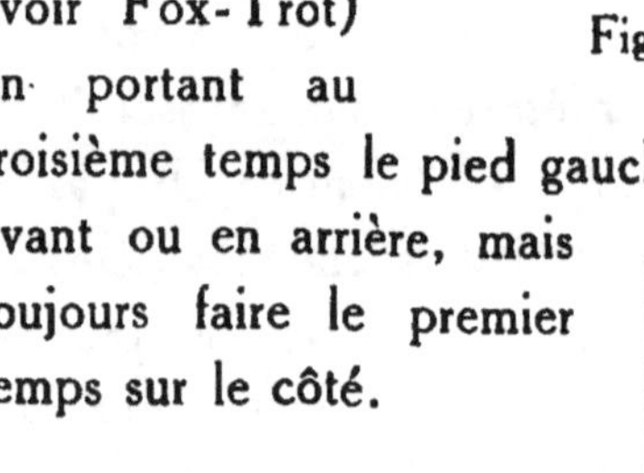

Fig. 2

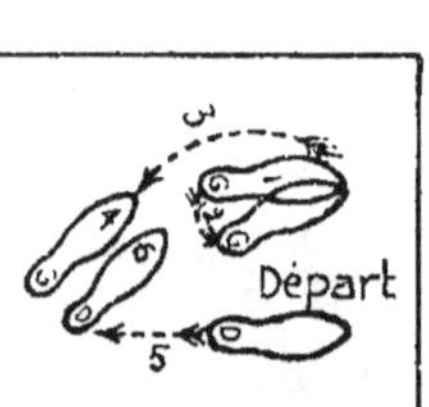

Fig. 3

Pas hésités - (fig. 4). — Un grand pas du
pied gauche en arrière
(2 temps). Le poids du
corps sur le pied gau-
che, rapprocher lente-
ment le pied droit du
gauche (2 temps). Re-
commencer sur le droit.

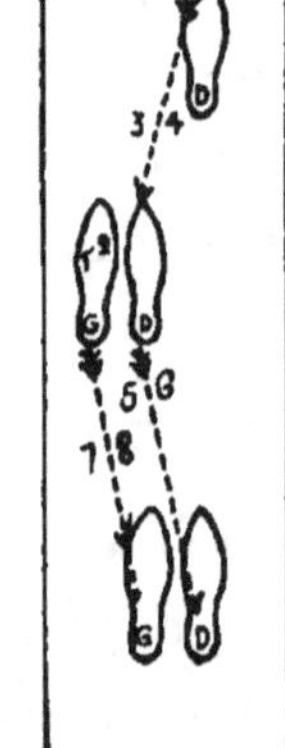

Fig. 4

Le Pivot à gauche
- (fig. 5). — Un grand pas du pied

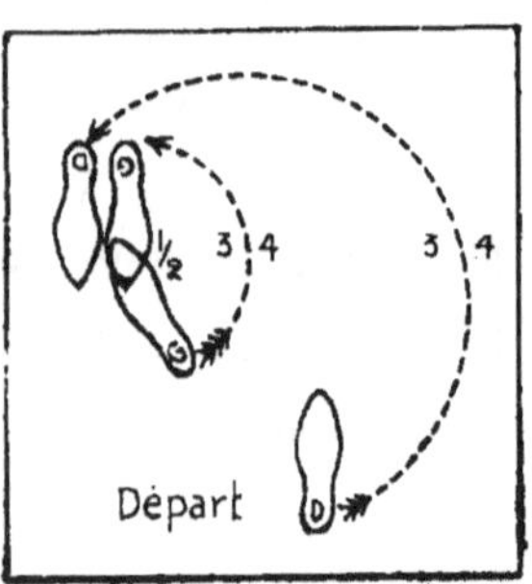

Fig. 5

gauche en avant (2 temps). En tournant, assembler le pied droit à côté du gauche (2 temps). Recommencer le tout pour faire le tour complet.

Glissés en tournant - (fig. 6). — Dans la marche avant, porter le pied droit à droite en tournant d'un quart de tour à gauche (2 temps). Un battu du gauche contre le droit (2 temps). En faisant un autre quart de tour, un pas de marche du gauche en avant (2 temps). Reprendre les quatre premiers temps pour faire le tour complet et la marche en partant du pied gauche.

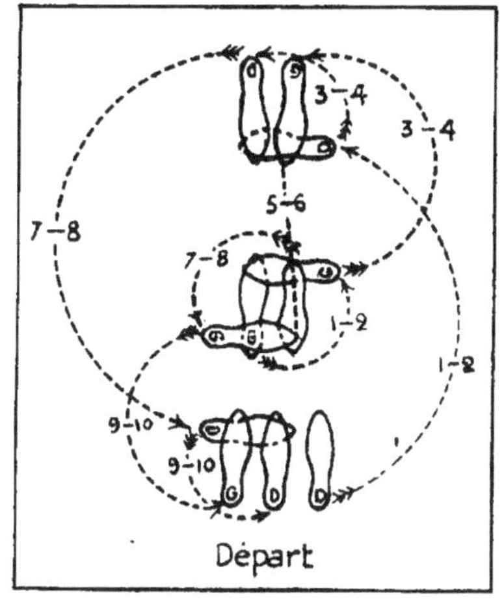

Fig. 6

Le tour à droite. — En portant le pied gauche en avant, faire un quart de tour sur la droite (2 temps). Faire un battu du pied droit sur le gauche en exécutant un autre quart de tour à droite (2 temps). Un pas de marche du pied droit en avant (2 temps). Et recommencer cette figure pour faire le tour complet (figure contraire à la 6e).

Jazz alterné avec un pas de marche - (fig. 7). — Faire un pas de marche en avant du pied droit (2 temps), ensuite faire le pas de Jazz en tournant à droite (voir Fox-Trott), 4 temps, un pas de marche arrière du pied droit (2 temps), un pas de Jazz en tournant à gauche (4 temps). Cette figure est assez usitée.

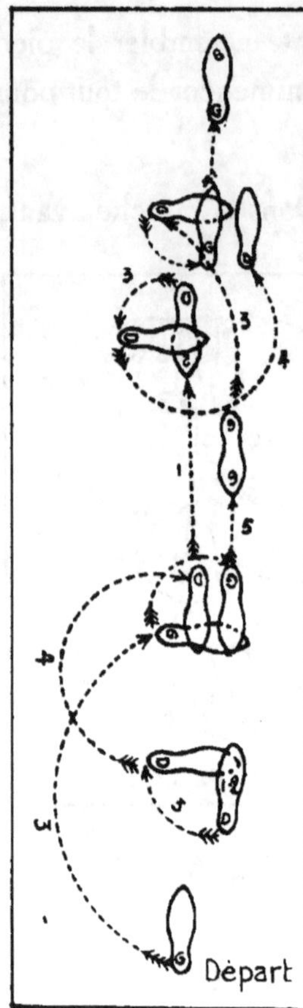

Fig. 7

Pivots. — La même chose que pour le One-Step, mais avec deux temps par mouvement.

Pas balancés - (fig. 8). — *1ᵉʳ temps* : Porter le pied gauche de côté dans le sens de la danse, le poids du corps dessus. — *2ᵉ temps* : Sans déplacer les pieds, porter le poids du corps sur le pied droit. — *3ᵉ temps* : Reporter le poids du corps sur le pied gauche en portant ce dernier plus à gauche. — *4ᵉ temps* : En laissant le poids du corps sur le pied gauche, avancer le pied droit dans la direction du gauche

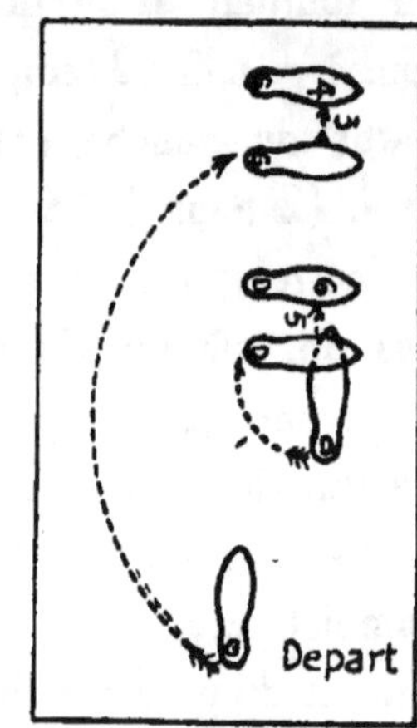

Fig. 8

du même parcours que vous aviez fait faire au pied gauche au troisième temps. — *5ᵉ temps* : Les pieds ayant le même intervalle qu'au deuxième temps, reporter le poids du corps sur le pied droit. — *6ᵉ temps* : Arrêt.

Si vous recommencez le même pas, vous n'avez plus au premier temps à déplacer le pied gauche, puisqu'il existe à ce moment l'intervalle que vous avez fait au premier pas, les pieds ne se déplacent qu'aux troisième et quatrième temps et chacun d'un parcours semblable.

Pas battus - (fig. 9). — Un pas par temps. — *I*er *temps* : Un pas de côté du pied droit. — *2*e *temps* : Un battu du gauche sur le droit. — *3*e *temps* : Un pas de côté du pied gauche. — *4*e *temps* : Assembler le pied droit au gauche et reprendre la marche à 2 temps en avant en partant du pied gauche.

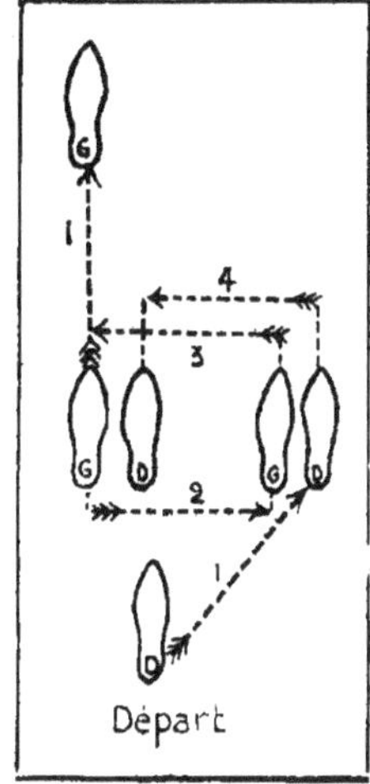

Fig. 9

Jazz pointé - (fig. 10). — Faire un pas de marche du pied droit arrière (2 temps), un pas de Jazz pointé du pied gauche avec mouve - ment d'oppo- sition des épau- les.

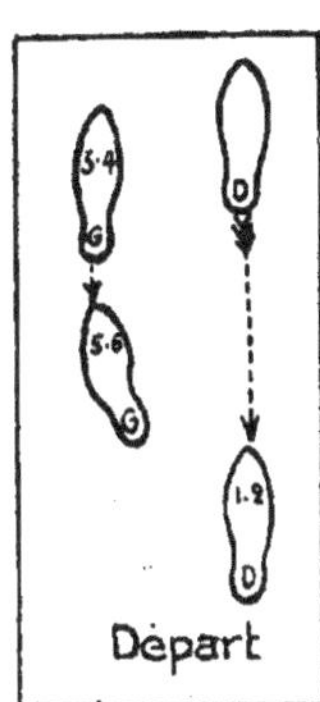

Départ

Fig. 10

Jazz pivoté tourné - (fig. 11). — Un pas de Jazz pivoté à gauche en partant du pied gauche (4 temps), un pivot à gauche et sur le pied gauche d'un demi-tour (2 temps).

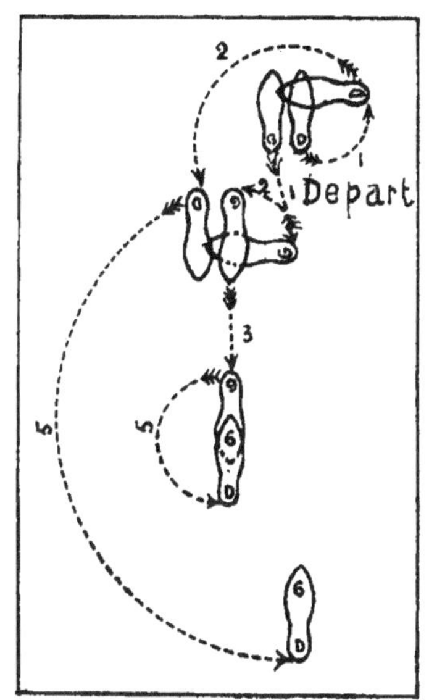

Fig. 11

Fantaisie Fox-Blue

Exemple. — Un pas de Jazz en tournant à droite et en
partant du pied gauche, trois pas courus et un temps d'arrêt en
commençant du pied droit en arrière, un changement de pas
ou pas piétiné en commençant du pied gauche et un demi-
pivot à gauche pour retrouver le sens de la danse.

BLUES

Battements 116 à la Noire
Mesure à quatre temps

Marche. — Marche très allongée, deux temps par pas.

Pas habanera. — Cette marche est coupée de temps à autre par un pas habanera (voir Scottisch Espagnole).

Le tour en 4 pas. — (Voir Fox-Blues), plus lent avec mouvements d'épaules.

L'assemblé battu - (fig. 1). — *I{er} temps* : Porter le pied droit à droite. — *2{e} temps* : Assembler le pied gauche à côté du droit. - *3{e} temps* : Porter de nouveau le pied droit à droite. — *4{e} temps* : Approcher le gauche du droit et reprendre la marche avec le gauche.

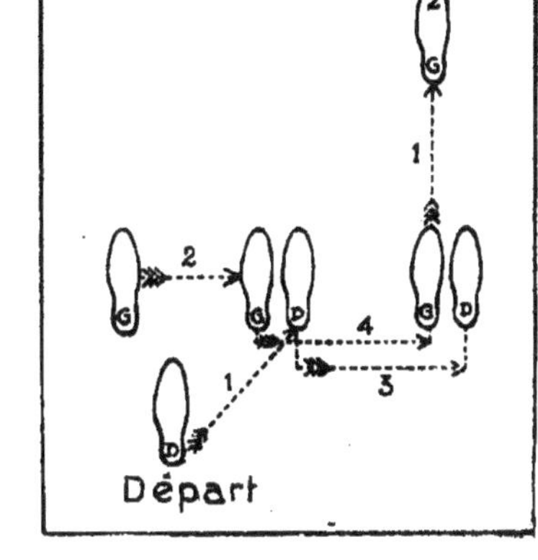

Fig. 1

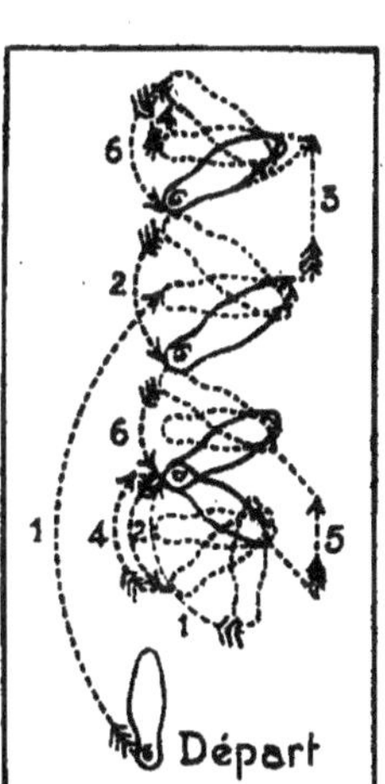

Fig. 2

Balancés - (fig. 2). — (Voir Fox-Blues, mais en pivotant sur les pointes des pieds.

Balancés pointés ouverts - (fig. 3). — Après avoir fait

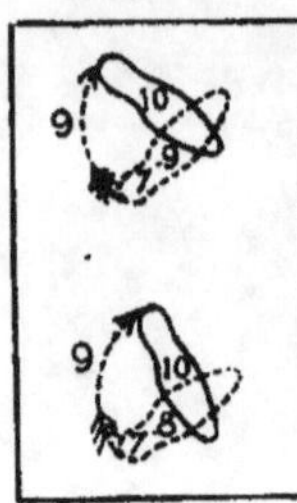

la figure précédente, porter le poids du corps sur le pied droit en ouvrant le pied gauche, la pointe basse (2 temps), faire le même mouvement du côté opposé en portant le poids du corps à gauche (2 temps), et en reportant le poids du corps à droite, reprendre la marche du pied gauche.

Fig. 3

Grand Balancé - (fig. 4). — Après le premier balancé ou un tour en quatre pas, porter le poids du corps sur le pied gauche (2 temps), accentuer le mouvement (2 temps), reporter le poids du corps à droite (2 temps), soulever le pied gauche et reprendre la marche de ce pied après avoir pivoté sur le droit d'un quart de tour à gauche (2 temps).

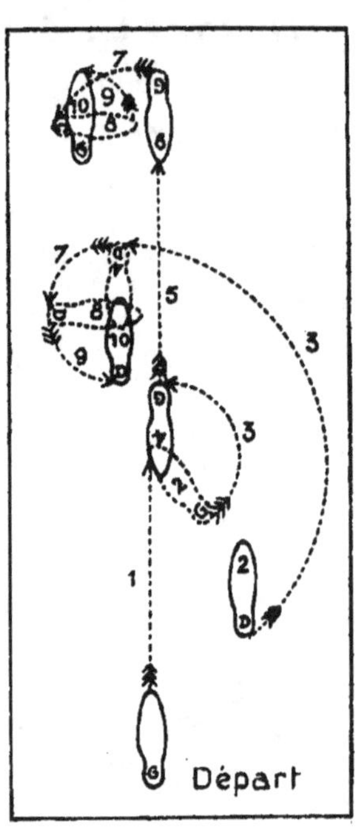

Fig. 4

Le tour balancé - (fig. 5). — Porter le pied gauche en avant (2), un demi-tour sur ce pied et à gauche (2 temps), porter le poids du corps sur le pied (2 temps) et recommencer les 6 temps.

L'arrêt tourné - (fig. 6). — S'arrêter, le pied droit en avant (2 temps), se soulever sur les deux pointes de pied et faire presque demi-tour sur la gauche sans déplacer les pointes des pieds (2 temps), revenir en se soulevant à nouveau

et en tournant en sens inverse sans déplacer les pointes
(2 temps).

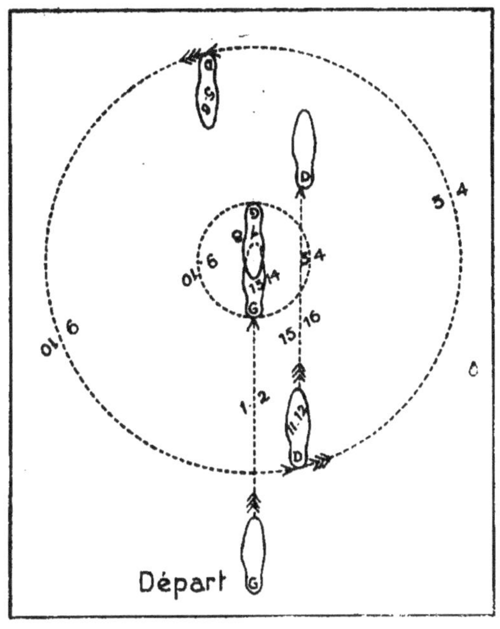

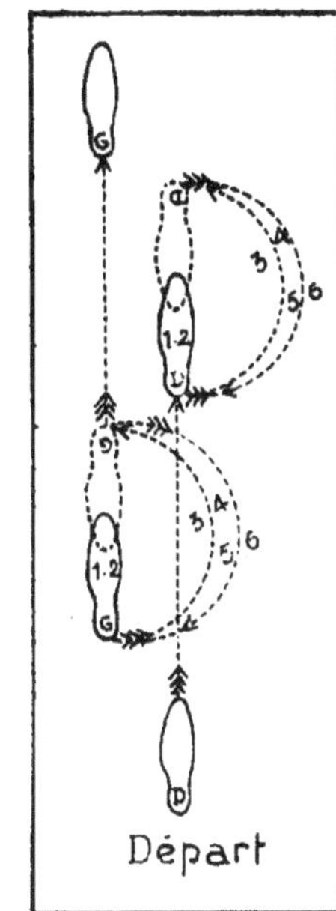

Fig. 5

Fig. 6

On peut faire le même mouvement deux ou trois fois,
mais chaque fois en 2 temps.

Jazz pointé. — Voir Fox-Blues, mouvements plus
marqués.

SCOTTISCH ESPAGNOLE

Battements 108 à la Noire

Mesure à quatre temps

....

Marche. — Deux temps par pas, marche souple avec mouvement d'élévation sur la pointe des pieds. Se fait en avant et en arrière.

Pas courus. — Se font par trois, un pas par temps, plus un temps d'arrêt avec léger mouvement d'élévation.

Habanera - (fig. 1). — *1er temps* : Porter le pied droit en avant, le poids du corps dessus. — *2e temps* : Sans déplacer les pieds, porter le poids du corps sur le gauche. — *3e temps* : Sans déplacer les pieds, reporter le poids du corps en avant. — *4e temps* : Arrêt.

Ce mouvement doit se faire très légèrement et se deviner plutôt que se voir. Il se fait aussi en arrière.

Pivot. — Même principe que le One-Step, deux temps par mouvement.

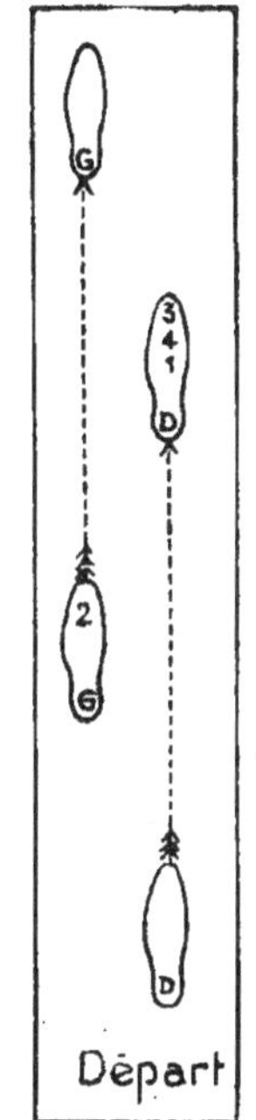

Fig. 1

Battus - (fig. 2). — *1ᵉʳ temps* : Porter le pied gauche gauche. — *2ᵉ temps* : Un battu du droit contre le gauche. — *3ᵉ temps* : Porter le droit à droite. — *4ᵉ temps* : Un battu du gauche sur le droit, reprendre la marche avec le gauche.

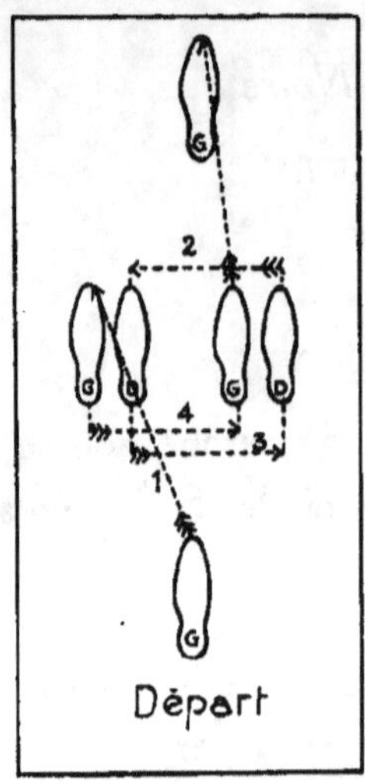

Fig. 2

— Ce pas peut se commencer sur le droit et se fait deux ou quatre fois pas plus avant de reprendre la marche.

Glissades - (fig. 3). — Le danseur porte le pied droit du côté du sens de la danse (1 temps), un assemblé du gauche au droit (1 temps), recommencer du droit. Ces glissades se suivent généralement par sept.

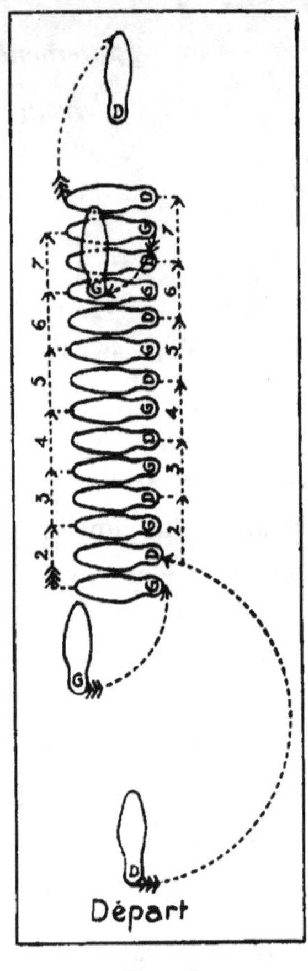

Fig. 3

Glissades en cercle - (fig. 4.) — En commençant
comme la figure précédente, on peut décrire une circonférence

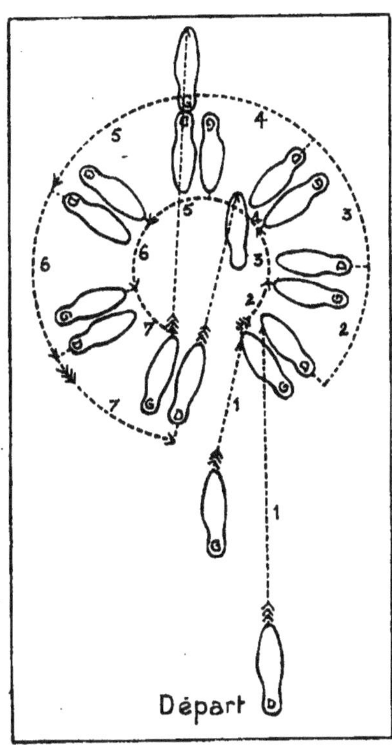

sur le sol, de façon à ce
que, la dernière glissade
exécutée, on retrouve le
sens de la danse que l'on
avait quitté pour les faire.

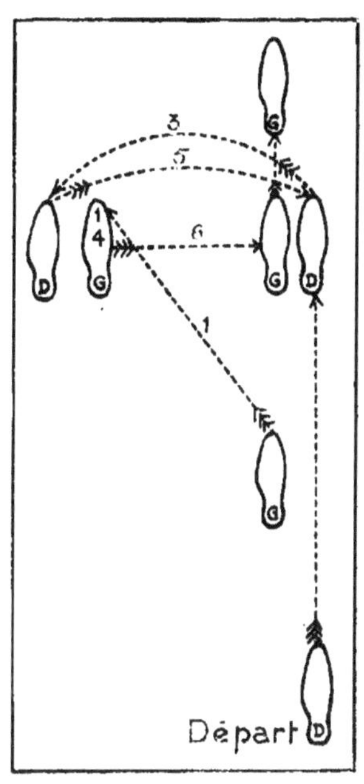

Fig. 4

Fig. 5

Pas de Fantaisie - (fig. 5).
— *I⁽ᵉʳ⁾ temps* : Porter le pied
gauche de côté assez loin. —
2ᵉ temps : Arrêt. — *3ᵉ temps* : Croiser le pied droit devant le
gauche. — *4ᵉ temps* : Soulever le gauche et le reposer à la
même place. — *5ᵉ temps* : Reporter le pied droit à droite.
— *6ᵉ temps* : Assembler le gauche au droit.

On peut faire le pas aussi à droite. On peut également, au
3ᵉ temps, croiser derrière au lieu de croiser devant.

PASO-DOBLE

Battements 120 à la Noire

Musique à deux temps

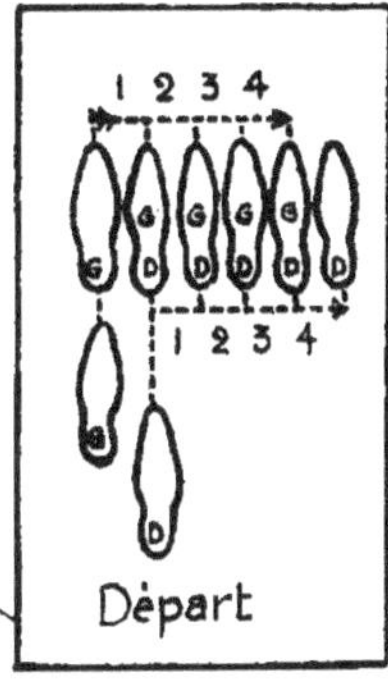

Fig. 1

(Départ)

Fig. 2

Marche. — One Step, un pas par temps et très petits pas. Se danse presque sur place.

Pas de côté - (fig. 1). — Déplacer le pied de côté (1 temps), assembler l'autre (1 temps), bien marquer le pas, la hanche se déplaçant en même temps que le pied, le corps bien droit ; ce pas se fait à gauche et à droite.

Sur place - (fig. 2). — En marquant le pas, un temps par pas, on exécute l'ancienne Média-Luna du Tango, soit un pas de Boston avant et un pas de Boston arrière, très petits.

Pivot - (fig. 3).

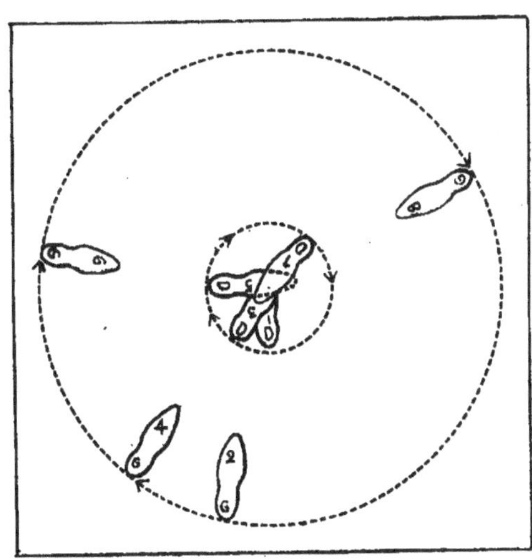

Fig. 3

— Tout en conservant le principe de tous les pivots, celui du Paso-Doble est un peu spécial à raison d'un mouvement par temps. On commence à très peu tourner et, en agrandissant le pas, on se trouve obligé d'accélérer le mouvement pour rester

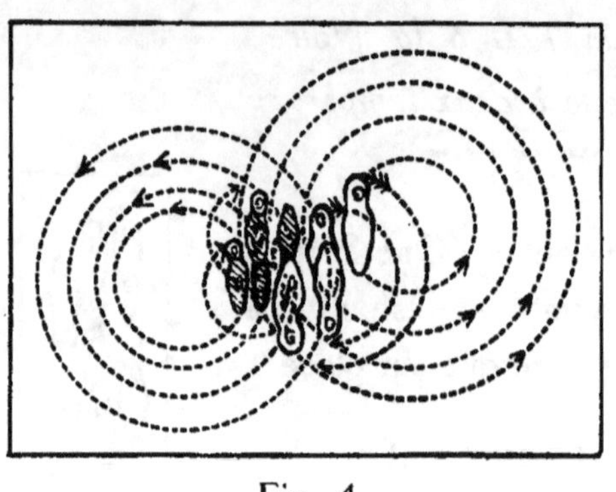

Fig. 4

en mesure, et l'on revient au pas sur place en diminuant graduellement la grandeur du cercle et la vitesse du mouvement.

Le Pivot déboîté - (fig. 4). — Les deux danseurs, l'un à côté de l'autre, toujours en position enlacée mais déboîtée, tournent sur place, la danseuse dans le bras droit de son danseur, épaule droite contre épaule droite ; après un tour sur place sans se lâcher, le danseur fait passer sa danseuse de sa droite à sa gauche et, épaule gauche contre épaule gauche, ils tournent sur place dans le sens inversé.

La Roue - (fig. 5). — Le danseur, croisant le pied droit devant le gauche, tourne sur place en faisant tourner sa danseuse autour de lui.

Il faut, pour danser cette danse, beaucoup de brio et observer sa couleur locale.

Fig. 5

JAVA

Battements 184 à la Noire

Mesure à trois temps (Rythme Mazurka)

La Java se compose simplement de pas courus, de valse marchée, valse à droite et valse à gauche.

Ce qui donne un caractère à cette danse, c'est la façon de passer de la valse à droite à la valse à gauche et inversement.

Pas courus. — Un pas par temps, en avant ou en arrière. On passe des pas courus avant aux pas courus arrière par l'assemblé en tournant (Voir One-Step).

Pas de côté. — Parmi les pas courus, on fait des pas de côté, un pas par temps, la même chose que les pas de côté du One-Step — (1 temps) pied droit à droite — (1 temps) assemblé du gauche au droit. Reprendre les pas courus du droit en avant.

Valse. — Valse à droite et valse à gauche alternée, avec arrêt plus ou moins mouvementé, suivant les lieux où elle se danse.

Valse marchée (fig. 1). — Ne pas

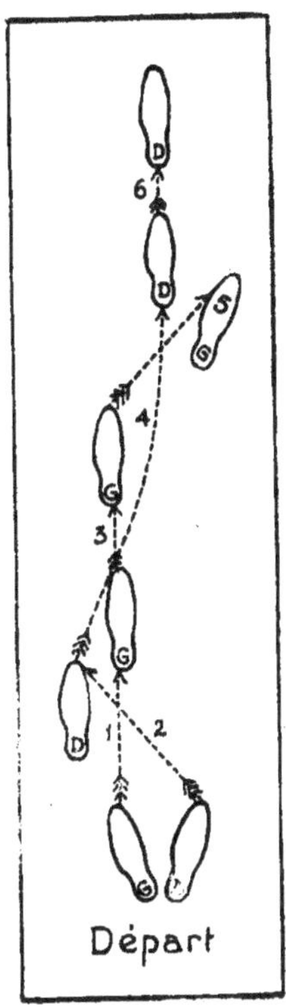

Fig. 1

confondre Valse avec Boston. — *Ier temps* : Porter le pied
gauche en avant d'un petit pas sur la pointe du pied. —
2e temps : Petit pas marché du droit sur la pointe en croisant
derrière le pied gauche. — *3e temps* : Porter le pied gauche
en avant d'un autre petit pas marché. Reprendre avec le pied
droit.

VALSE

Battements 160 à la Noire

Valse. — Musique à 3 temps.

1ᵉʳ temps : Porter le pied gauche devant le droit, la pointe tournée en dedans.

2ᵉ temps : Pivoter sur les deux pointes pour faire demi-tour.

3ᵉ temps : Porter le pied gauche en avant.

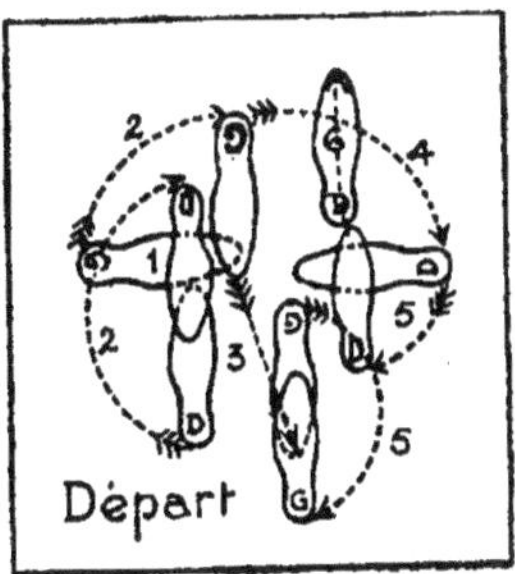

4ᵉ temps : Placer la pointe du pied droit derrière le talon gauche.

5ᵉ temps : Pivoter sur les deux pointes pour faire le deuxième demi-tour.

6ᵉ temps : Porter le pied droit en avant.

BOSTON SIMPLE

Battements 132 à la Noire

Mesure à trois temps

....

Le bon valseur sait bostonner sans apprendre ; le bostonneur ne saura jamais valser, s'il ne l'apprend pas.

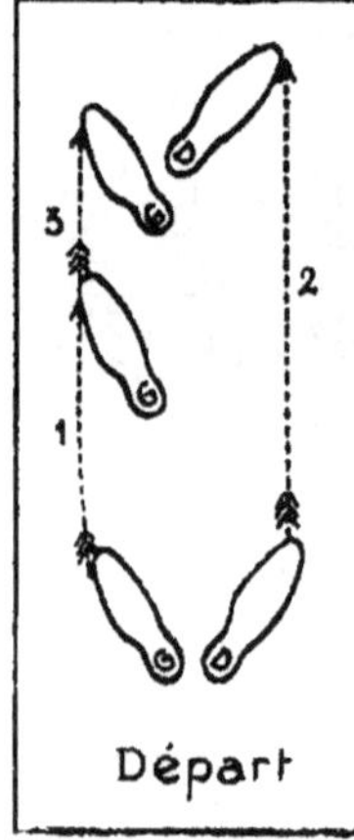

Fig. 1

Boston - (fig. 1). — *1er temps* : Porter le pied gauche en avant. — *2e temps* : Porter le pied droit en avant, pas très loin, de façon à pouvoir lever légèrement le talon droit. — *3e temps* : Assembler le pied gauche derrière le droit. Recommencer du pied droit ; le Boston se danse dans tous les sens, en avant. en arrière et en tournant à gauche et à droite.

Boston en tournant - (fig. 2). — *1er temps* : Porter le pied droit en avant, la pointe ouverte. — *2e temps* : Porter le pied gauche en avant, la pointe tournée à droite. — *3e temps* : En finissant le demi-tour, assembler le pied droit au gauche, et c'est au pied gauche à repartir.

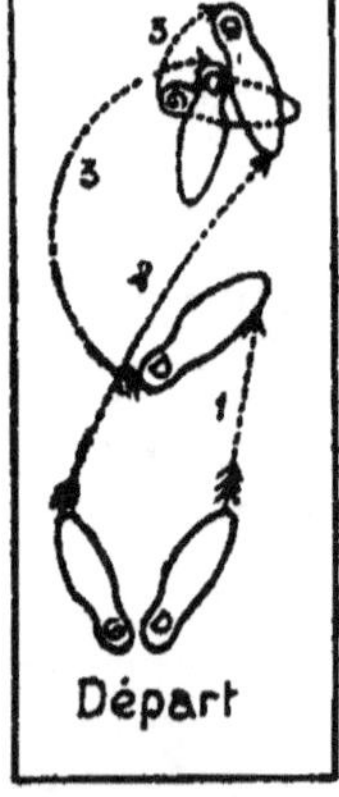

Fig. 2

BOSTON HÉSITATION

Battements 132 à la Noire

Mesure à trois temps

....

Hésitation simple - (fig. 1). — *1er temps*: Le danseur tournant le dos au sens de la danse, porte le pied gauche en arrière. — *2e et 3e temps* : Arrêt en glissant lentement le droit. — *4e, 5e et 6e temps* : Un pas de Boston arrière du droit.

Cette figure se fait sur les deux pieds et dans les deux sens, avant ou arrière.

Hésitation simple tournée - (fig. 2). — *1er temps* : Comme le pas précédent. — *2e et 3e temps* : Faire un demi-tour sur la droite en pivotant, le poids du corps sur le pied

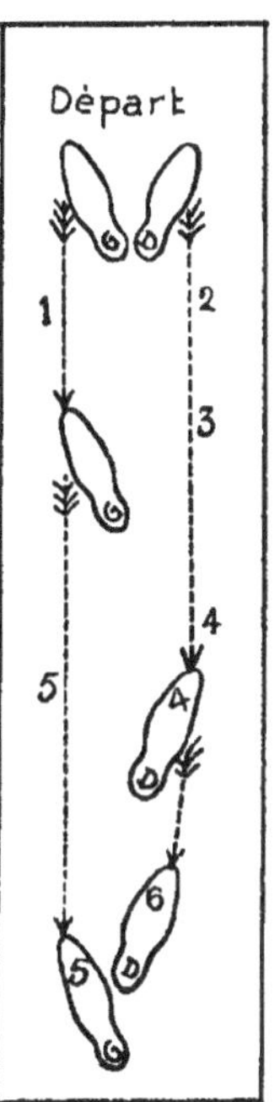

Fig. 1

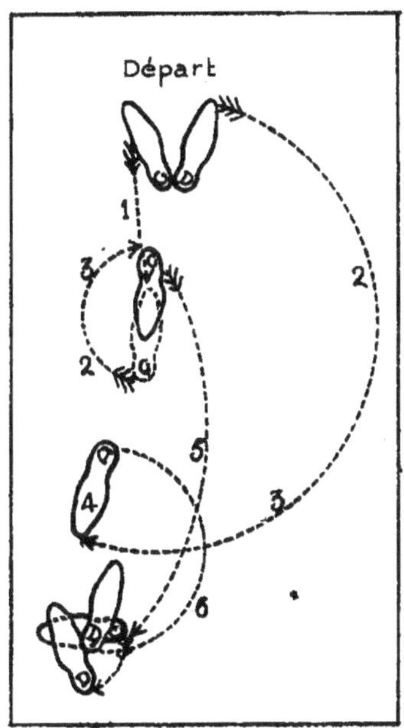

Fig. 2

gauche. — *4e*, *5e et 6e temps* : Terminer par un pas. de Boston en tournant, en partant du pied droit.

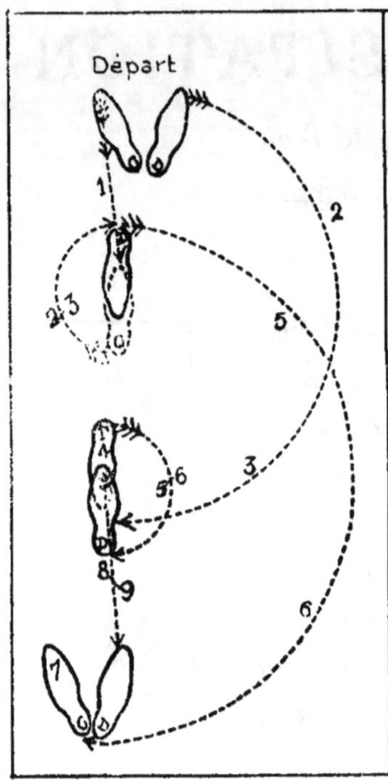

Fig. 3

Hésitation double tournée - (fig. 3). — Les trois premiers temps comme la figure précédente. — *4e temps* : Porter le pied droit à terre, en tournant le pied gauche soulevé en arrière. — Faire les temps 5 et 6. — Au temps 1 suivant, on enchaîne un pas de Boston simple en commençant du pied gauche, ou un troisième pas d'Hésitation, sans tourner cette fois.

Hésitation pivotée - (fig. 4). — Ce pas permet de nombreuses variantes :

En position légèrement déboîtée. — *1er temps* : Le danseur porte le pied gauche en avant, la danseuse le pied droit en arrière.

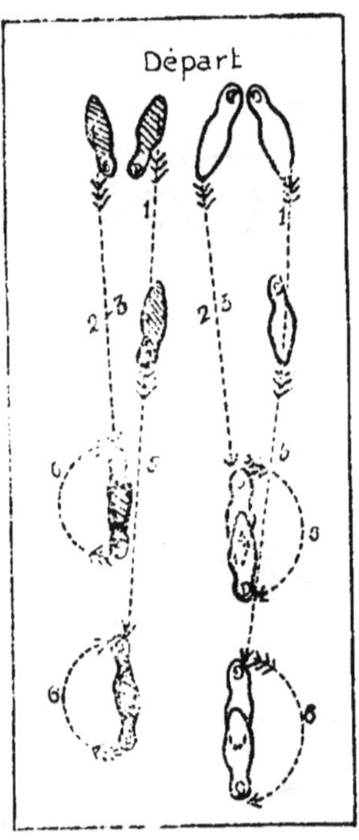

Fig. 4

— 2ᵉ et 3ᵉ temps : Hésitation. *— 4ᵉ et 5ᵉ temps* : Deux pas de marche, le danseur commençant du droit, la danseuse du gauche. *— 6ᵉ temps* : Un demi-tour pivoté et non glissé, sans cela les trois derniers temps sont transformés en Boston simple ; en tournant, reprendre la figure, le danseur du pied gauche en arrière cette fois, et la danseuse du pied droit en avant et, au 6ᵉ temps, on fait le demi-tour pivoté dans l'autre sens.

1ʳᵉ Variante - (fig. 5). — Le danseur fait cette figure sans tourner au temps 6, il fait seulement tourner sa danseuse. — Dans ce cas, le danseur fait toujours cette figure en avant, et la danseuse une fois en avant et une fois en arrière.

2ᵉ Variante. — Même hésitation, mais les deux danseurs en face l'un de l'autre, au lieu de se trouver en position déboîtée.

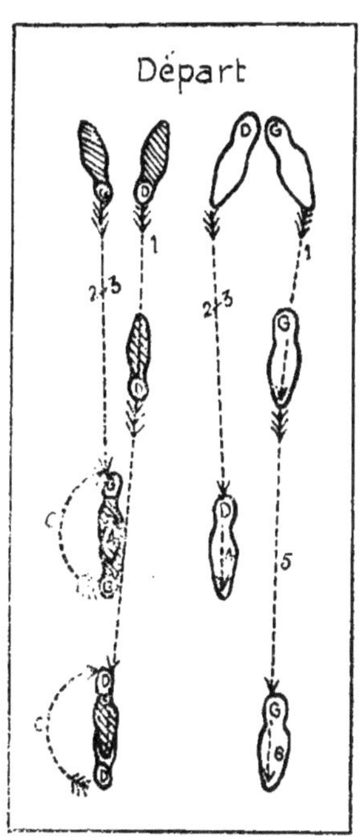

Fig. 5

Hésitation contrariée. — Même hésitation en position déboîtée, mais, pendant les deux temps d'hésitation, faire un balancé devant soi avec le pied qui hésite, quel que soit le côté où l'on est tourné. Comme les deux danseurs sont toujours tournés du côté opposé, cette figure est toujours d'un très curieux effet.

Hésitation balancée - (fig. 6). — Les deux danseurs vis-à-vis font un balancé sur le côté gauche du danseur : (une mesure 3 temps), puis sur le droit (3 temps), le danseur faisant un quart de tour en avant et en tournant à droite, porte le pied gauche en avant. La danseuse, un quart de tour en tournant en arrière, porte le pied droit en arrière (3 temps) ; en prenant appui sur ce dernier pied, les deux danseurs tournent un demi-tour, le danseur en avant et à gauche, la danseuse en arrière (3 temps), 3 petits pas courus, le danseur partant du gauche et en avant, la danseuse du gauche et en arrière (3 temps), le quatrième pas couru sera le premier temps d'un pas de Boston simple, qui sert d'enchaînement.

Le Déroulé - (fig. 7). — *Ire Mesure.* — En

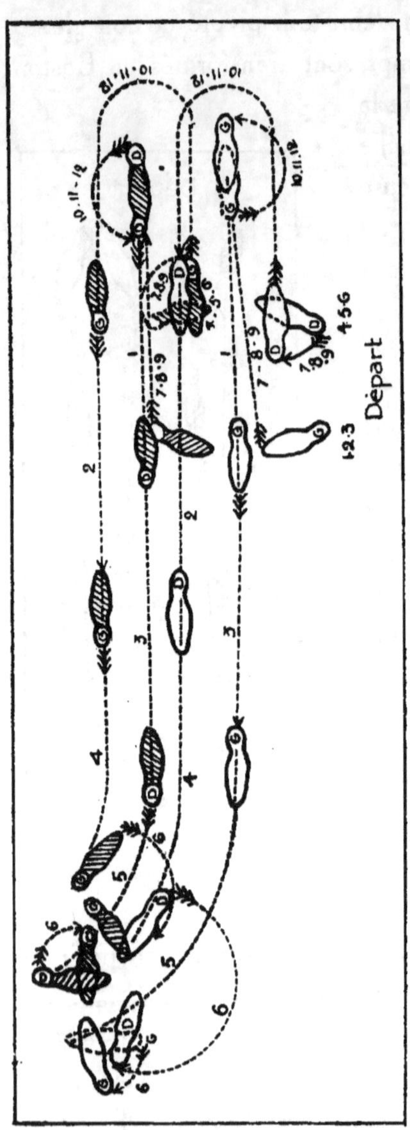

Fig. 6

position déboîtée, le danseur (*I*ᵉʳ *temps*) porte le pied droit

en avant, le pied gauche
légèrement soulevé ; la danseuse le gauche en arrière,
où elle prend appui. —
2ᵉ et 3ᵉ temps : Le danseur
fait tourner sa danseuse en
arrière qui, décrivant un cercle avec son pied droit, le
porte en arrière.

2ᵉ Mesure. — Iᵉʳ temps :
Le danseur prend appui sur
le pied gauche en arrière
et la danseuse sur le droit
en arrière également, les deux
danseurs se trouvant à ce
moment tournés du même
côté. — Pendant les temps
2 et 3, le danseur fait tour-

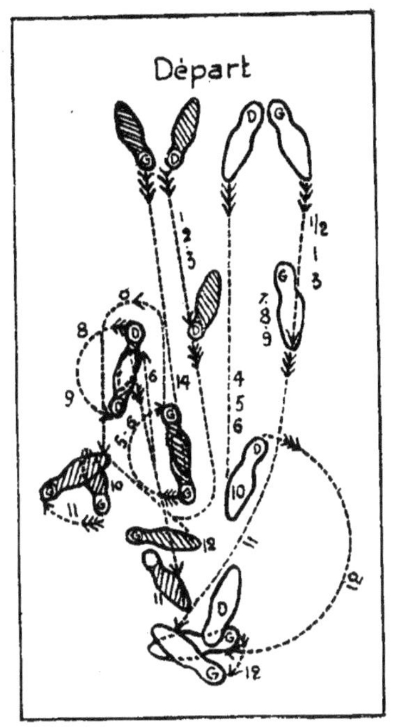

Fig. 7

ner à nouveau sa danseuse en arrière qui, cette fois, fait
tourner son pied gauche autour du droit.

3ᵉ Mesure. — Le danseur posant le pied droit, la danseuse
le gauche à terre au premier temps de cette mesure, la termine
en un pas de Boston simple en tournant.

Cette figure est d'un très joli effet.

Hésitation tournée - (fig. 8). — *Iʳᵉ Mesure*. — Le
danseur partant du pied droit, la danseuse du gauche, exécute
un pas de Boston à droite.

2ᵉ Mesure. — *Iᵉʳ temps* : Le danseur porte le pied gauche

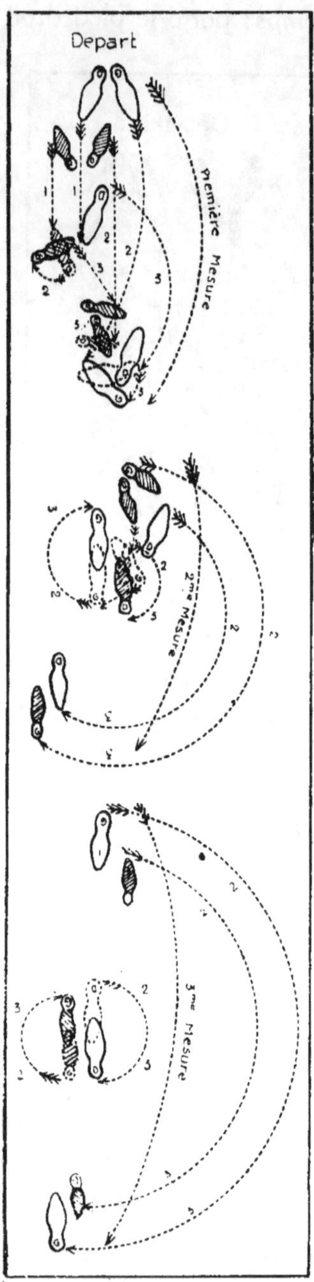

Fig. 8

de côté, la danseuse le droit en avant. — *2ᵉ et 3ᵉ temps* : Les danseurs pivotent dans cette position.

3ᵉ Mesure. —- *1ᵉʳ temps* : Le danseur posant le pied droit à terre, la danseuse le gauche et prenant appui dessus, finissent pendant les 2ᵉ et 3ᵉ temps leurs évolutions.

Hésitation balancée - (fig. 9). -- *1ʳᵉ Mesure.* — *1ᵉʳ temps* : En position ouverte, un pas de côté du pied gauche danseur et droit danseuse. — *2ᵉ et 3ᵉ temps* : Balancés des pieds intérieurs en les portant en avant.

2ᵉ Mesure. — En posant le pied droit en avant pour le danseur et le gauche pour la danseuse, reprendre un pas de Boston en ligne droite si l'on désire, reprendre le pas de Boston en tournant pour le terminer.

Hésitation balancée détournée - (fig. 10). —

Ire *Mesure*. — Même pas que la figure précédente.

2e *Mesure.*
— *I*^{er} *temps* :
Deuxième ba-
lancé en por-
tant, le danseur
le pied droit en
arrière, la dan-
seuse le gauche.

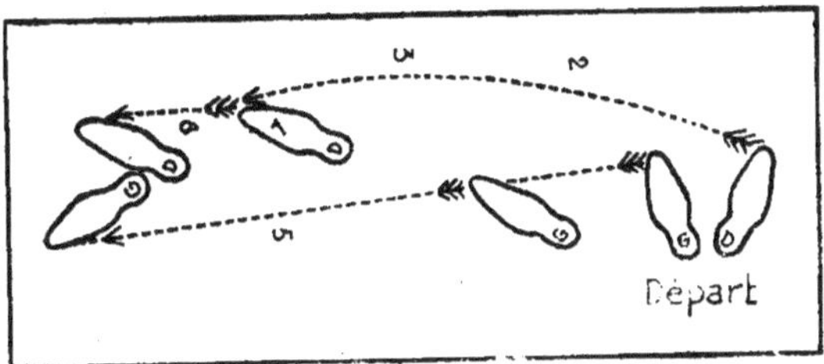

Fig. 9

— *2*^e *temps* : Le danseur fait tourner légèrement sa danseuse en arrière, en portant son pied gauche croisé derrière le droit, pendant ce temps le danseur croise le pied derrière le gauche sans tourner.

— *3*^e *temps* : Le danseur déplace le pied gauche légèrement à gauche, la danseuse le droit en arrière.

3e *Mesure*. — Le danseur du droit, la danseuse du gauche, reprendre le Boston.

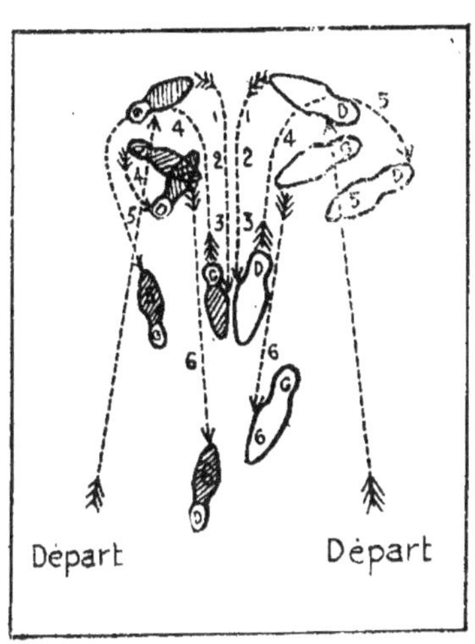

Fig. 10

Hésitation balancée retirée - (fig. 11). —

Ire *Mesure*. — Même pas que la figure précédente.

2e *Mesure*. — *I*^{er} *et 2 temps* : Toujours en position ouverte, balancés des pieds intérieurs en arrière. — *3*^e *temps* : Battu du pied droit danseur derrière le gauche et du gauche danseuse derrière le droit.

3e Mesure. — *1er temps* : Le danseur porte le pied droit en arrière, la danseuse le gauche. — *2e temps* : Faisant appui dessus, glisser le pied avant vers le pied arrière. — *3e temps* : Déplacer l'appui du pied arrière sur le pied avant.

4e Mesure. — *1er temps* : Pour reprendre le pas de Boston, croiser le pied droit devant le gauche pour le danseur, et le gauche devant le droit pour la danseuse. — *2e et 3e temps* : Finir le pas de Boston.

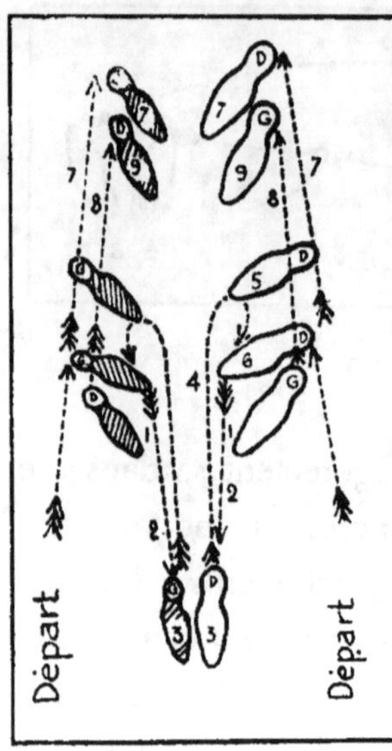

Fig. 11

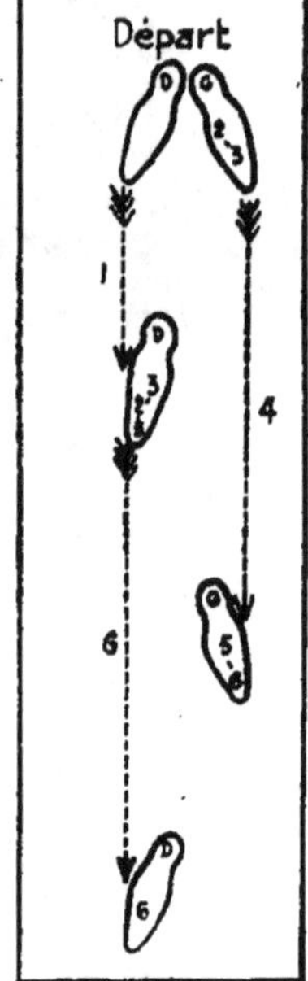

Fig. 12

Marche Boston - (fig. 12). — *1re Mesure*. — Pas du danseur. — *1er temps* : Un pas du droit en avant. — *2e et 3e temps* : Hésitation.

2e Mesure. — *1er temps* : Un pas du gauche en avant. — *2e temps* : Un temps d'hésitation. — *3e temps* : Un pas du pied droit en avant.

3e et 4e Mesures. — Reprendre le tout en commençant du pied gauche.

Hésitation croisée - (fig. 13). — *1re Mesure*. — *1er temps* : Porter le pied droit de côté.

— *2ᵉ et 3ᵉ temps* : Glisser lentement le gauche près du droit.

2ᵉ Mesure. — *1ᵉʳ temps* : Glisser le gauche à gauche. — *2ᵉ et 3ᵉ temps* : Glisser lentement le droit vers le gauche.

3ᵉ Mesure. - 1ᵉʳ temps : Porter le pied droit en arrière. — *2ᵉ et 3ᵉ temps* : Glisser lentement le gauche vers le droit.

4ᵉ Mesure. - 1ᵉʳ temps : Porter le pied gauche en avant. *2ᵉ temps* : Un pas du droit en avant. — *3ᵉ temps* : Pivoter sur le pied droit en tournant à gauche et croiser le pied gauche devant le droit.

5ᵉ Mesure. - 1ᵉʳ temps : Retirer le pied droit en arrière. — *2ᵉ et 3ᵉ temps* : Coupé Hésitation.

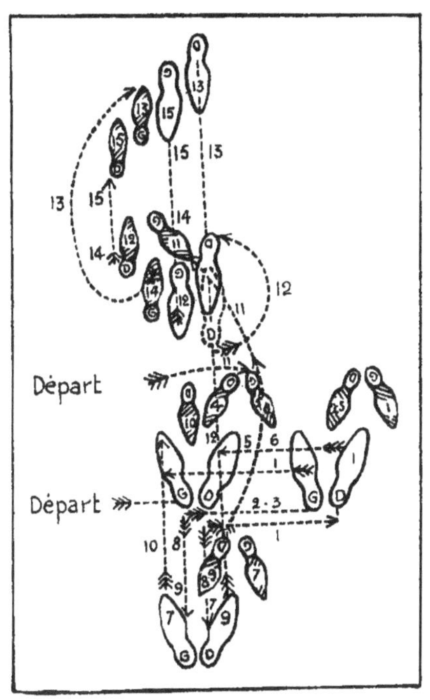

Fig. 13

6ᵉ et 7ᵉ Mesures. — Reprendre les 4ᵉ et 5ᵉ mesures, en partant de la position où l'on se trouve après la 5ᵉ mesure.

Pas de la Danseuse. — *1ʳᵉ, 2ᵉ et 3ᵉ Mesures.* — Pas inverses correspondants.

4ᵉ Mesure. — *1ᵉʳ temps* : Un pas du droit en arrière. — *2ᵉ temps* : Un pas du gauche en arrière. — *3ᵉ temps* : Demi-tour sur la gauche en portant le pied droit croisé devant le gauche.

5ᵉ Mesure. — *1ᵉʳ temps* : Dégager le pied gauche et le porter en avant. — *2ᵉ et 3ᵉ temps* : Hésitation coupée derrière.

6ᵉ et 7ᵉ Mesures. — Reprendre les 4ᵉ et 5ᵉ figures.

TANGO

Battements 50 à la Noire

Mesure à deux temps

....

Chaque numéro dans les figures correspond à un demi-temps.

Marche. — Se fait simple ou battue, un pas par temps de musique.

Fig. 1

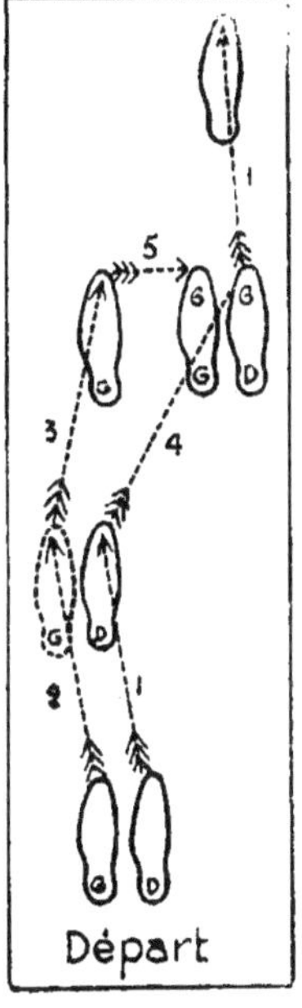

Fig. 2

Marche battue - (fig. 1) — *1/2 temps* : Porter le pied droit en avant. — *1/2 temps* : Battu du gauche contre le droit, repartir du gauche et faire le battu du droit.

Marche Argentine avant - (fig. 2). — *1 temps* : Un pas de marche. — *1/2 temps* : Porter le gauche en avant. — *1/2 temps* : Porter le pied droit à droite. — *1/2 temps* : Assembler le pied gauche au droit. — *1/2 temps* : Arrêt.

Marche Argentine arrière - (fig. 3). — *1 temps* :

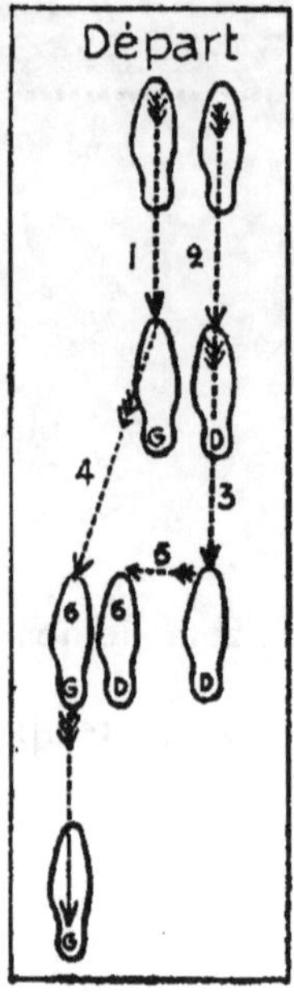

Fig. 3

Porter le pied gauche en arrière. —
1/2 temps : Un pas du droit en arrière.
— *1/2 temps* : Porter le gauche à gauche.
— *1/2 temps* : Assembler le pied droit
au pied gauche. — *1/2 temps* : Arrêt.

Promenade Argentine - (fig. 4).
— Se danse de côté, mais sans prendre
la position ouverte. — *1 temps* : Porter
le pied gauche de côté. — *1/2 temps* :
Croiser le pied droit devant le gauche,
le talon passant le premier. — *1/2 temps* :
Dégager le pied gauche et le porter à
gauche. — *1/2 temps* : Assembler le
droit. — *1/2 temps* : Arrêt.

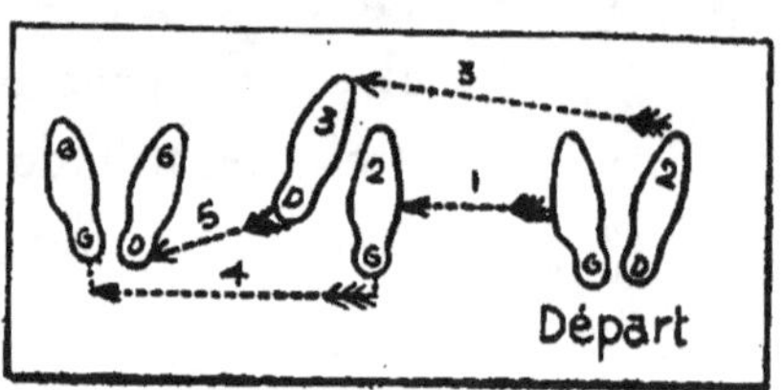

Fig. 4

**Promenade Argen-
tine battue** - (fig. 5).
— 1re variante. — *1/2
temps* : Porter le pied
gauche à gauche. —

1/2 temps : Un battu du droit sur le gauche. — *1/2 temps* :
Croiser le pied droit de-
vant le gauche. — *1/2
temps* : Dégager le pied
gauche et le porter à
gauche. — *1/2 temps* :
Glisser très peu le pied
droit en allant vers le

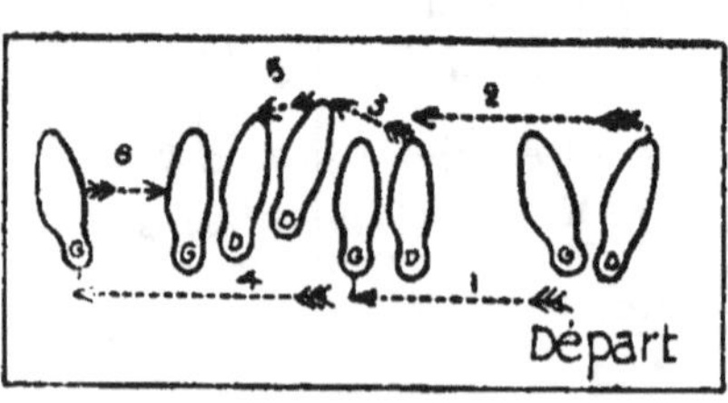

Fig. 5

gauche. — *1/2 temps* : un battu du gauche sur le droit.

Promenade Argentine battue retirée - (fig. 6). — 2ᵉ variante. — Les trois premiers demi-temps comme la figure précédente. — *1/2 temps:* Dégager le pied gauche et le porter à côté du droit. — *1/2 temps* : Retirer très légèrement le droit en arrière. — *1/2 temps* : Arrêt.

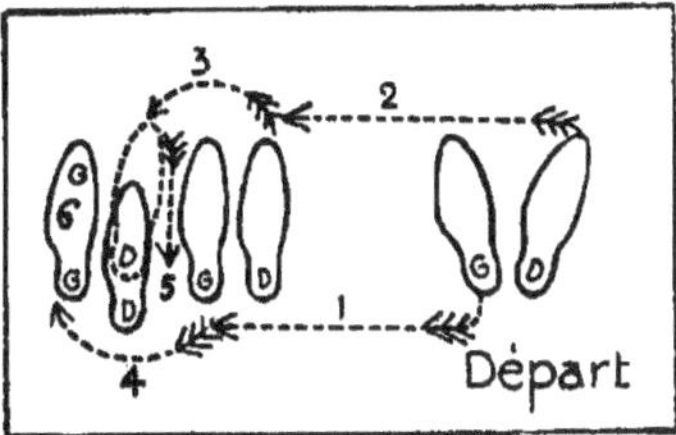

Fig. 6

Promenade Argentine échappée - (fig. 7). — 3ᵉ variante. — Les trois premiers temps (Voir *Promenade Argentine*). — *1/2 temps* : Etant placés de côté dans le sens de la danse, porter le pied gauche en avant. — *1/2 temps* : Assembler le droit au gauche.

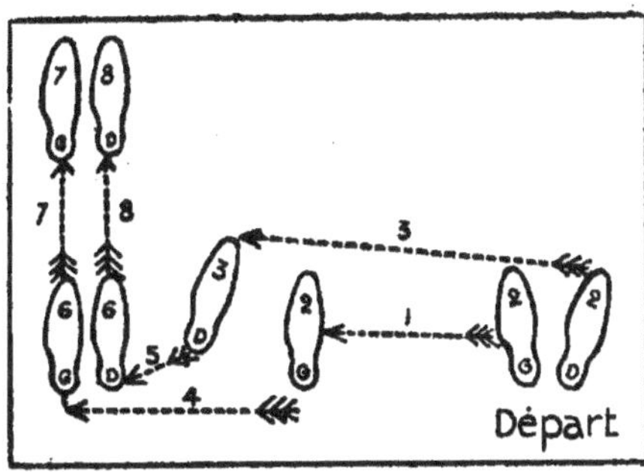

Fig. 7

Cette figure « échappé » peut également se faire en arrière.

Promenade Argentine double échappée - (fig. 8). — 4ᵉ variante. — Faire la figure précédente en faisant les deux échappés l'un après l'autre.

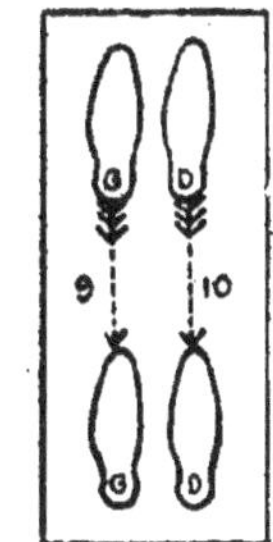

Fig. 8

Promenade Argentine - (fig. 9). — 5ᵉ variante. —
1/2 temps : Porter le pied gauche de côté. — *1/2 temps* :

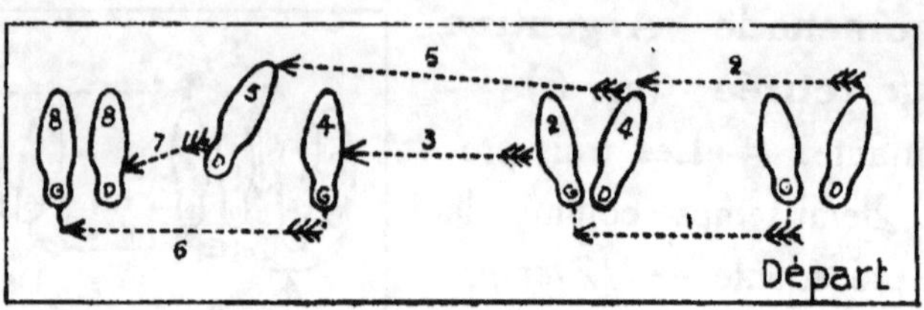

Fig. 9

Assembler le pied droit au gauche. Les trois temps suivants,
faire une Promenade Argentine.

Promenade Argentine tournée - (fig. 10). — (6ᵉ variante. — Les quatre premiers
1/2 temps de la Promenade
Argentine en tournant d'un
demi-temps sur la droite. —
1/2 temps : Un battu du pied
droit sur le gauche. — *1/2
temps* : Finir de tourner en
pivotant d'un demi-tour sur le
pied gauche. Reprendre la
marche du pied droit.

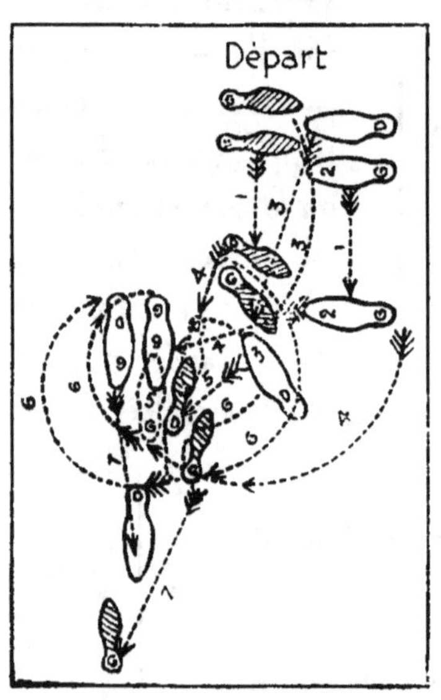

Fig. 10

Pour la danseuse, le 5ᵉ
1/2 temps, couper du gauche
derrière le droit, demi-pivot
d'un quart de tour sur le droit.
Repartir du gauche pour la
marche.

Promenade Argentine - (fig. 11). — 7ᵉ variante. —

— 48 —

Promenade Argentine les deux premiers temps. — *1/2 temps* :

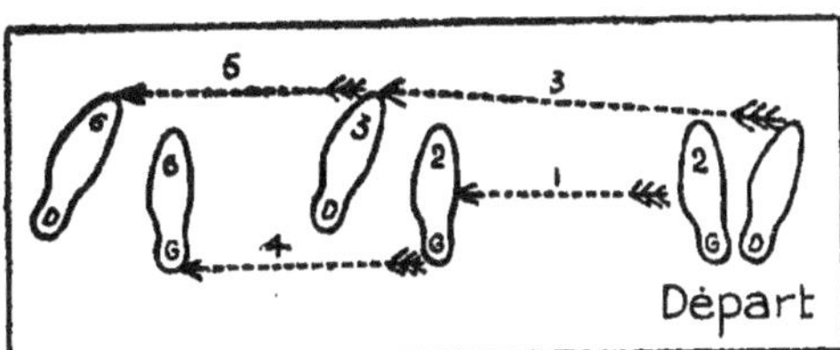

Croiser une deuxiè-
me fois le pied droit
devant le gauche.
— *1/2 temps* :
Arrêt.

Fig. 11

**Promenade
Argentine** (fig. 12).-

— 8ᵉ variante. — Le pas précédent pour commencer. —
1/2 temps : Dégager le gauche et le porter de côté. —

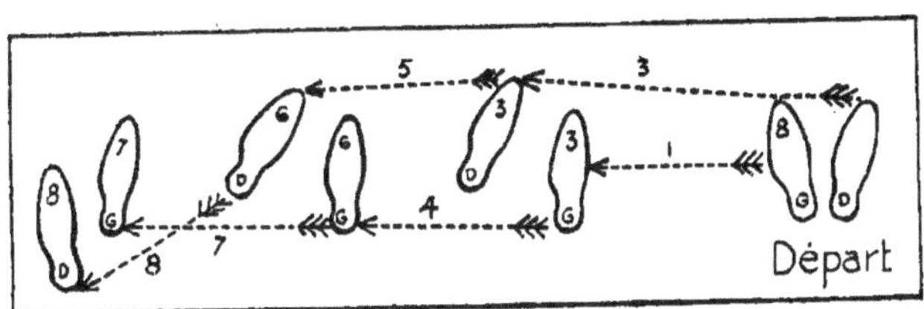

Fig. 12

1/2 temps : Croiser cette fois le droit derrière le gauche ;
la danseuse croise également derrière.

Promenade Argentine - (fig. 13). — 9ᵉ variante. —
1 temps : Porter le pied gauche de côté. — *1 temps* : Croiser
le pied droit devant le gau-
che — *1/2 temps* : Sans
décroiser les pieds, glisser le
pied gauche dans la direction
du pied droit pour diminuer
l'intervalle. — *1/2 temps* :
Serrer le pied droit sur le
gauche. — *1/2 temps* :

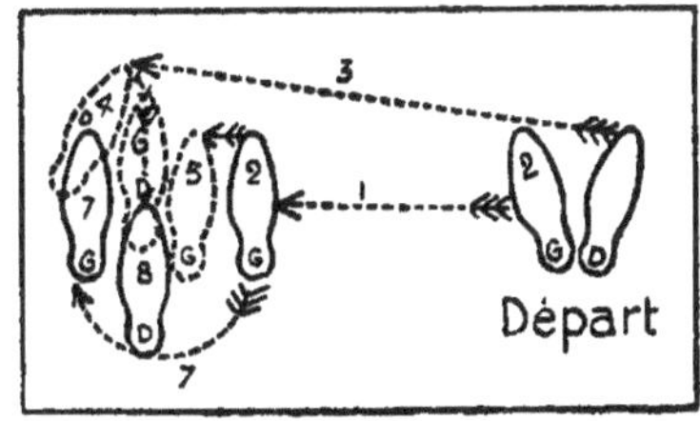

Fig. 13

Dégager le gauche et le porter à côté du droit. — *1/2 temps* : Retirer légèrement le droit en arrière.

Pour terminer une Promenade Argentine - (fig. 14).

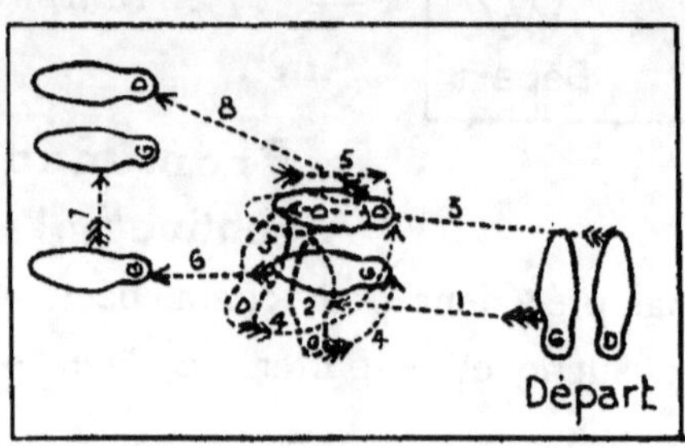

Fig. 14

— *1 temps* : Porter le pied gauche à gauche. — *1 temps* : Croiser le pied droit devant le gauche, bien serrer. — *1/2 temps* : Le poids du corps sur le pied droit, tourner d'un quart de tour à gauche. — *1/2 temps* : Dégager le gauche et le porter en avant. — *1/2 temps* : Porter le pied droit à droite. — *1/2 temps* : Assembler le pied gauche au pied droit.

Pas battu de côté - (fig. 15). — Placés de côté. — *1 temps* : Porter le pied gauche à gauche. — *1 temps* : Croiser le droit devant le gauche. — *1 temps* : Porter le pied gauche en avant. — *1/2 temps* : Un pas du pied droit à droite. — *1/2 temps* : Un battu du gauche sur le droit. On peut battre le premier pas de côté à gauche avec le droit avant de croiser.

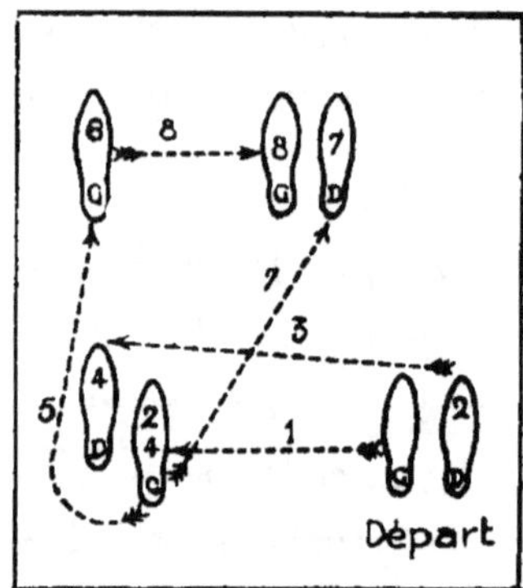

Fig. 15

Autre Pas battu pour passer de la position arrière à celle de côté - (fig. 16). — *1 temps* : Pied gauche en arrière. — *1/2 temps* : Un pas du pied droit en arrière. — *1/2 temps* : Porter le gauche en avant en tournant d'un quart de tour à gauche. — *1/2 temps* : Faire un pas de côté du pied droit à droite. — *1/2 temps* : Un battu du gauche sur le droit.

Grand Assemblé - (fig. 17). — *1/2 temps* : Un pas du pied droit en avant. — *1/2 temps* : Assemblé du gauche à côté du droit. — *1/2 temps* : Retirer très peu le droit en arrière. — *1/2 temps* : Arrêt ; recommencer sur le gauche.

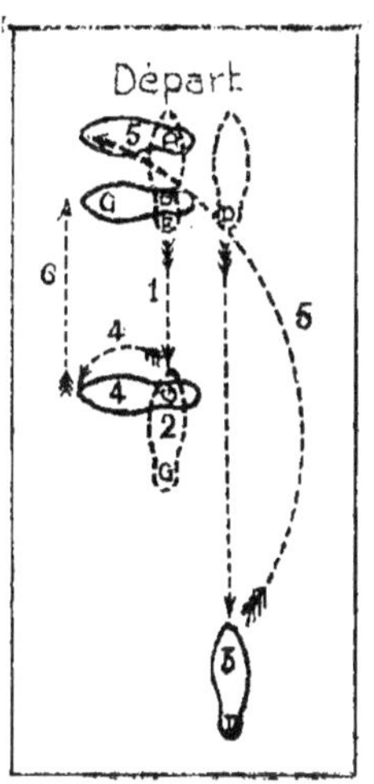

Fig. 16

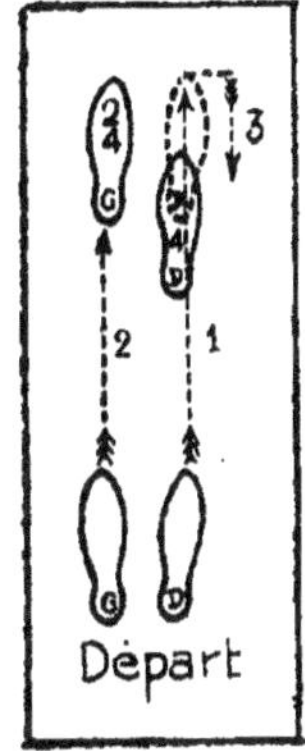

Fig. 17

Grand Assemblé croisé - (fig. 18). — *1/2 temps* : Un pas du pied droit en avant. — *1/2 temps* : Avancer le gauche, croiser derrière le droit. — *1/2 temps* : Serrer le pied droit sur le gauche. — *1/2 temps* : Arrêt ; reprendre de l'autre pied.

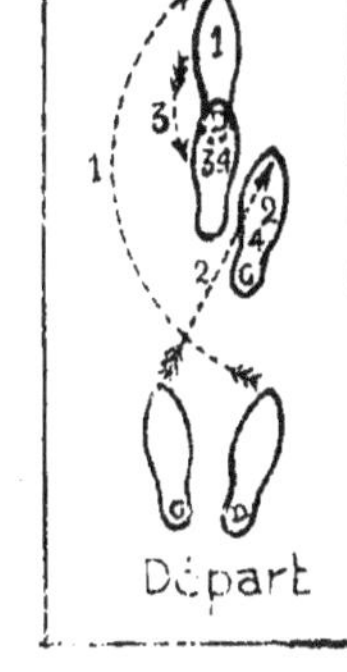

Fig 18

Marche assemblée - (fig. 19). — *1/2 temps* : Un pas de marche en avant du pied droit. — *1/2 temps* : Un pas de marche en avant du pied gauche. — *1/2 temps* : Croiser le droit derrière le gauche. — *1/2 temps* : Arrêt.

Croisé Américain - (fig. 20). — En faisant face à la direction de la danse — *1/2 temps* : Un petit pas de côté du pied droit à droite. — *1/2 temps* : Un battu du gauche sur le droit. — *1 temps* : Porter le gauche à gauche. — *1 temps* : Croiser en position déboîtée le pied droit devant le gauche et assez loin en avant. — *1 temps* : Dégager le gauche et le porter en avant en le croisant à son tour devant le droit, ce qui replace le danseur devant sa danseuse.

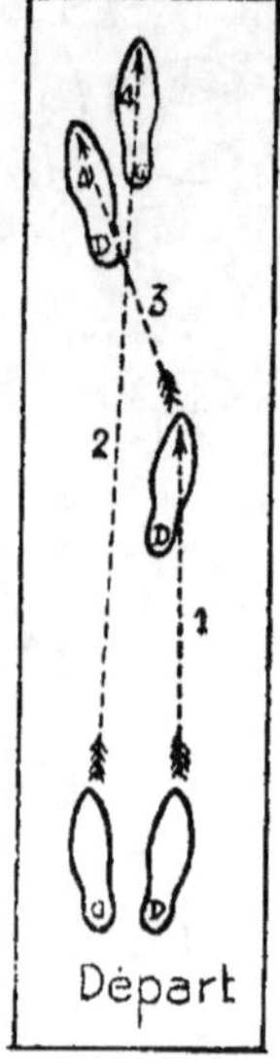

Fig. 19

Pas de la Danseuse - (fig. 21). — *1 temps* : Pas battu du gauche à gauche. — *1 temps* : Pas de côté du droit à droite sans battement. — *1 temps* : Un pas de marche du gauche en arrière. — *1 temps* : Un pas du droit en arrière.

Pas en spirale simple demi-tour - (fig. 22). — Une mesure — *1/2 temps* : Un pas du pied gauche en avant. — *1/2 temps* : Un pas du droit en avant. — *1/2 temps* : Faire un demi-tour à

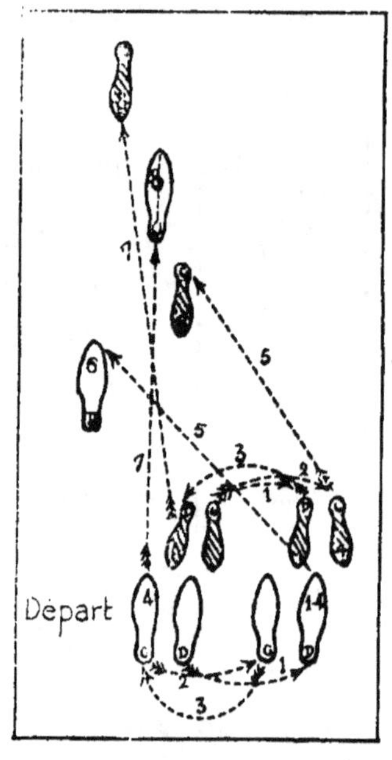

Fig. 20-21

gauche en tournant sur les deux pointes, et serrer aussitôt le pied gauche croisé à droite du droit. Ces deux mouvements doivent être faits l'un après l'autre dans le demi-temps — *1/2 temps* : Arrêt.

Une mesure — *1/2 temps* : Dégager le pied droit en le portant en arrière. — *1/2 temps* : Pied gauche à gauche. — *1 temps* : Assembler le droit au gauche et arrêt.

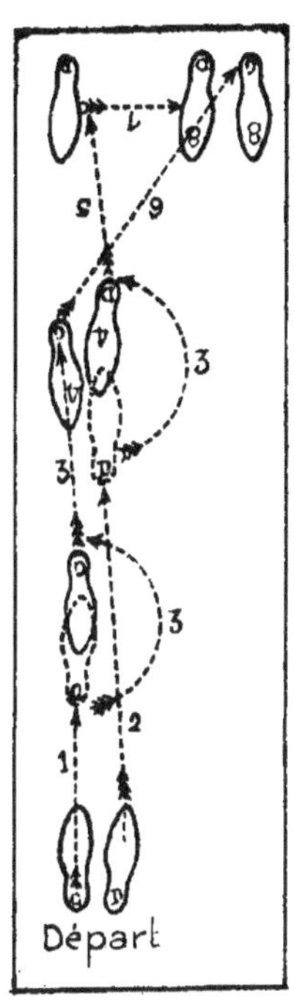

Fig. 22

Pas en spirale simple 3/4 de tour - (fig. 23). — *1re mesure* : Même pas que figure précédente. — *2e mesure* : Dégager le droit en arrière en tournant d'un quart de tour à gauche. — *1/2 temps* : Porter de côté le pied gauche à gauche. — *1 temps* : Assembler le droit au gauche et arrêt.

Pas en spirale simple tour complet - (fig. 24). — *1re mesure* : Même pas. — *2e mesure, 1/2 temps* : Dégager le droit en arrière en tournant à gauche. — *1/2 temps* : Toujours

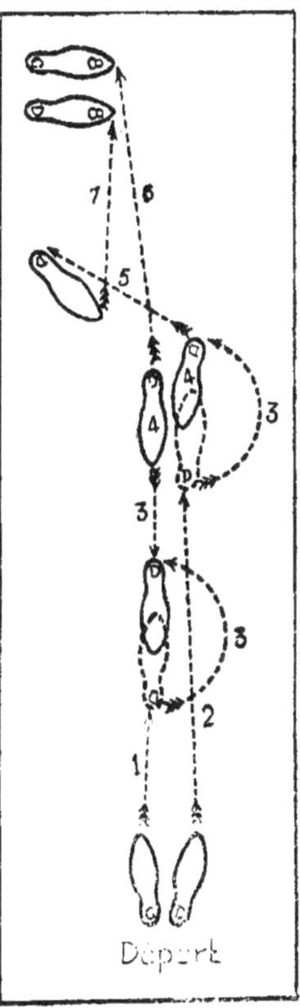

Fig. 23

en tournant, porter le gauche de côté. — *1/2 temps* : **En** finissant le deuxième demi-tour, porter le droit à droite. — *1/2 temps* : Assemblé ou battu du gauche au droit ; cela dépend du pas que l'on enchaîne derrière.

Pas en spirale double tour complet - (fig. 25). — *1^{rr} mesure* : même pas. — *2e mesure, 1/2 temps* : Dégager le pied droit et le porter en arrière. — *1/2 temps* : Un pas du gauche en arrière. — *1/2 temps* : Pivoter à gauche d'un demi-tour et serrer le droit derrière le gauche. — *1/2 temps* : Arrêt. — *3e mesure, 1/2 temps* : Un pas du gauche en avant. — *1/2 temps* : Un pas du droit sur le côté droit. — *1/2 temps* : Assemblé du gauche au droit. — *1/2 temps* : Arrêt.

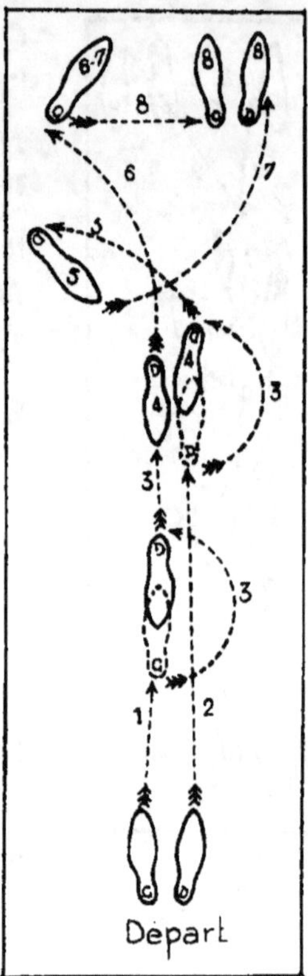

Fig. 24

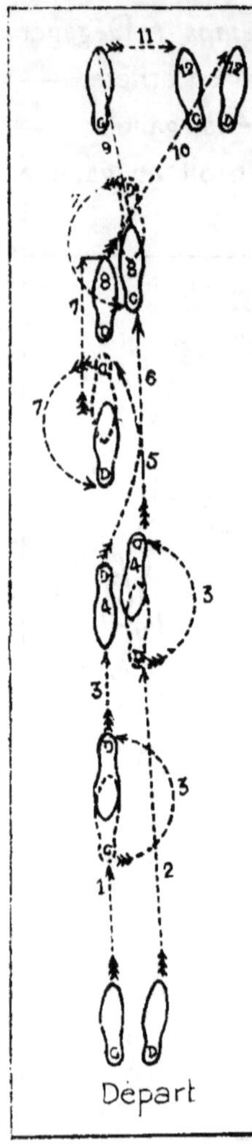

Fig 25

Pas en spirale, double tour complet, croisements inversés - (fig. 26). — Faire le pas précédent en croisant la première fois derrière et la deuxième fois devant, les autres mouvements étant les mêmes.

Spirale coupée - (fig. 27). — *1/2 temps* : Pied gauche en avant. — *1/2 temps* : Pied droit en avant. — *1/2 temps* : Pivoter à gauche sur le droit

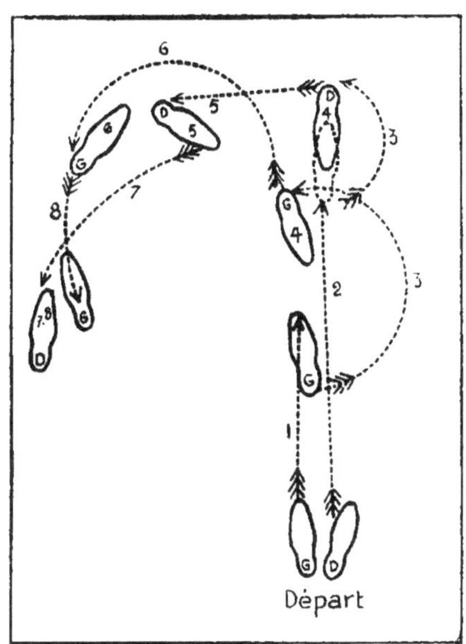

Fig. 27

seulement, le pied gauche soulevé ; le demi-tour fini, reposer le pied gauche devant et croiser mais sans serrer, comme dans les pas précédents. —

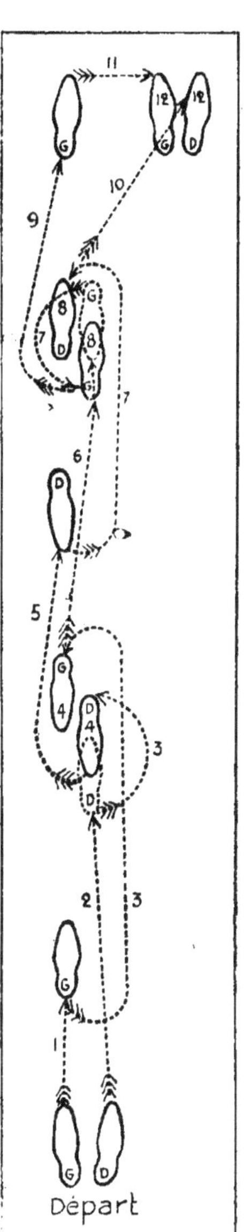

Fig. 26

1/2 temps : Arrêt. — *1/2 temps* : Porter le pied droit en arrière en tournant. — *1/2 temps* : Le gauche en arrière en tournant. — *1/2 temps* : Le droit en arrière en tournant. — *1/2 temps* : Coupé devant du gauche, la danseuse derrière du droit en position déboîtée pour ce dernier demi-temps.

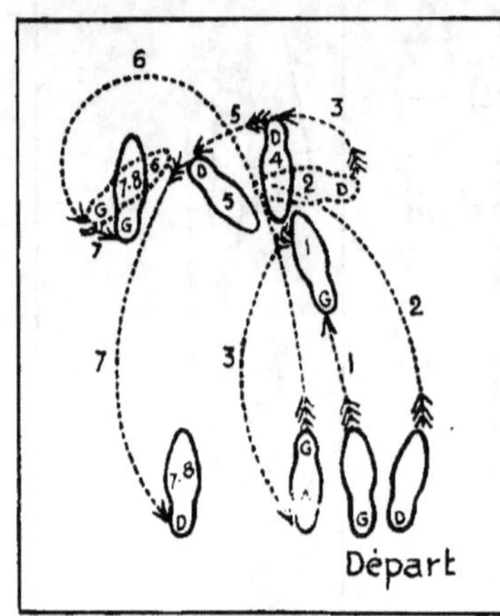

Fig. 28

Spirale décroisée - (fig. 28). — *1re mesure* - *1/2 temps* : Pied gauche en avant en tournant un peu à gauche. — *1/2 temps* : Toujours en tournant, un petit pas du droit. — *1/2 temps* : En finissant le demi-tour, avancer le gauche. — *1/2 temps* : Arrêt. — *2e mesure* - *1/2 temps* : Pied droit en arrière en tournant. — *1/2 temps* : Pied gauche en arrière en tournant. — *1/2 temps* : Pour terminer ce deuxième demi-tour, pied droit en arrière. — *1/2 temps* : Arrêt.

Le tour en spirale - (fig. 29). — Etant placé de côté. — *1 temps* : Pied gauche à gauche. — *1/2 temps* : Croiser le droit devant le

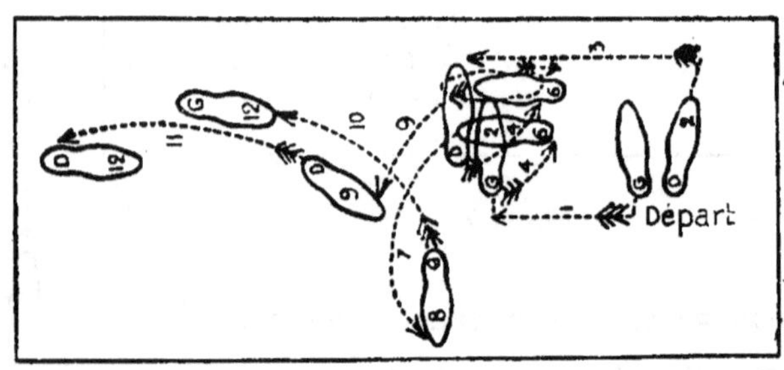

Fig. 29

gauche. — *1/2 temps* :
Pivoter d'un quart de tour
en assemblant le pied gauche
au droit. — *1/2 temps* :
Retirer le droit légèrement
en arrière. — *1/2 temps* :
Arrêt. *1 temps* : Pour finir
le demi-tour, porter le gauche en avant. Pour finir,
faire la deuxième partie du
pas précédent.

Spirale Habanera -
(fig. 30). — Faire la première partie du pas, spirale
croisée, un pas Habanera,
un quart de tour et finir avec
3 pas courus pour finir le tour.

Pas de fantaisie -
(fig. 31). — *1 temps* : En
tournant, porter le pied gauche à gauche. — *1/2 temps* :
Toujours en tournant, croiser
le droit devant le gauche. —
1/2 temps : Pivoter sur les
pointes demi-tour à gauche.
— *1/2 temps* : Retirer le
droit en arrière. — *1/2 temps* :
Arrêt. — *1/2 temps* : En
tournant, porter le poids du

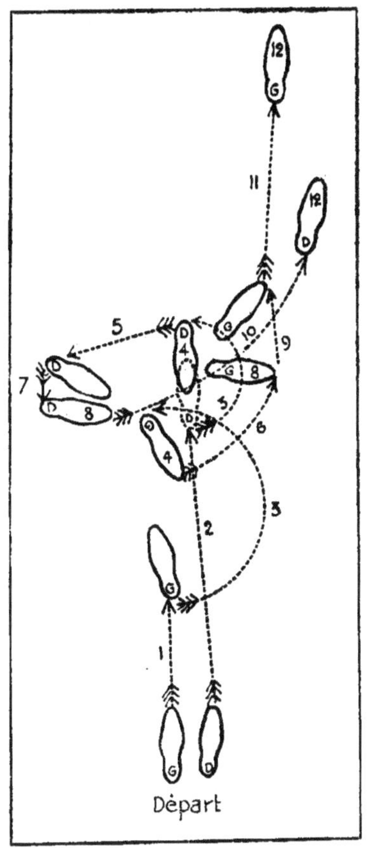

Fig. 30

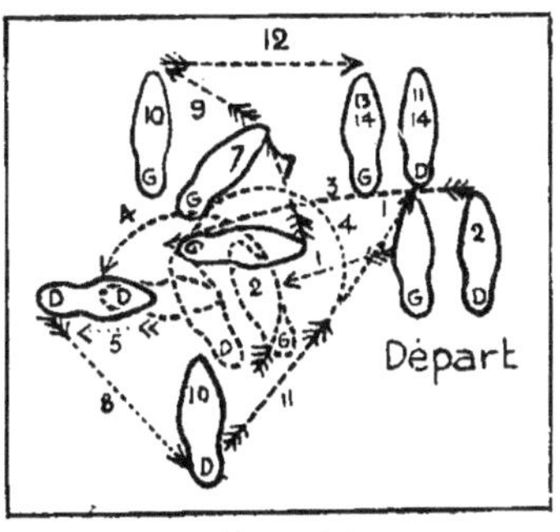

Fig. 31

corps en avant sur le pied gauche. — *1/2 temps* : Toujours
en tournant, le poids du corps en arrière sur le droit. —
1/2 temps : Encore une fois en avant. — *1/2 temps* : Porter
le droit à droite. — *1/2 temps* : Assembler le gauche au
droit. — *1/2 temps* : Soulever le droit et le reposer. Repartir
du gauche en Promenade Argentine.

Pas de fantaisie - (fig. 32). — *2 temps* : Dans le sens
de la danse, partir en avant du pied gauche pour faire 3 pas courus et un demi-temps d'arrêt en tournant d'un quart de tour à gauche. — *2 temps* : Partir en arrière du

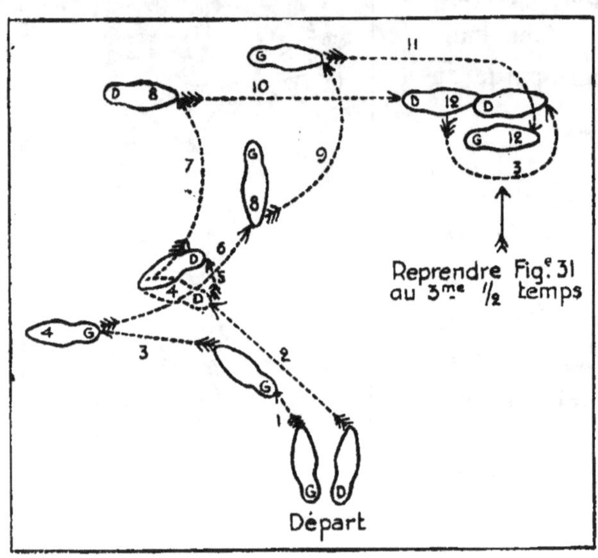

Fig. 32

droit, faire 3 pas courus et un demi-temps d'arrêt en exécutant
un demi-tour. Dans cette position — *1/2 temps* : Un pas
avant du gauche. — *1/2 temps* : Un autre du droit. —
1/2 temps : Croiser le gauche devant le droit. — *1/2 temps* :
Arrêt. Croiser le pied droit devant le gauche et ajouter tout
le pas précédent, sauf le premier temps.

SAMBA

Battements 120 à la Noire

Mesure à 2/4

Marche. — Pas assez grand, marche souple (1 temps) par pas.

Pas de Samba avant - (fig. 1). — *1/2 temps* : Porter le pied droit en avant. — *1/2 temps* : Retirer un peu en arrière le gauche, en reportant le poids du corps dessus. — *1/2 temps* : Reporter le poids du corps en avançant le pied droit. — *1/2 temps* : Arrêt. Reprendre avec le pied gauche.

Ne pas confondre avec le pas Habanera. Ce qui donne le caractère de ce pas, c'est que le deuxième pas est toujours fait du côté opposé. Faire tourner la danseuse en éventail, une fois sur la droite, une fois à gauche.

Pas de Samba arrière - (fig. 2) — *1/2 temps* : Porter le pied gauche en arrière servant d'appui. — *1/2 temps* : Le pied droit en avançant légèrement et appui sur ce dernier. — *1/2 temps* : Reporter le poids du corps en arrière. — *1/2 temps* : Arrêt.

Le mouvement tourné en éventail se fait sur le deuxième demi-temps ; faire attention de ne pas tourner sur le premier.

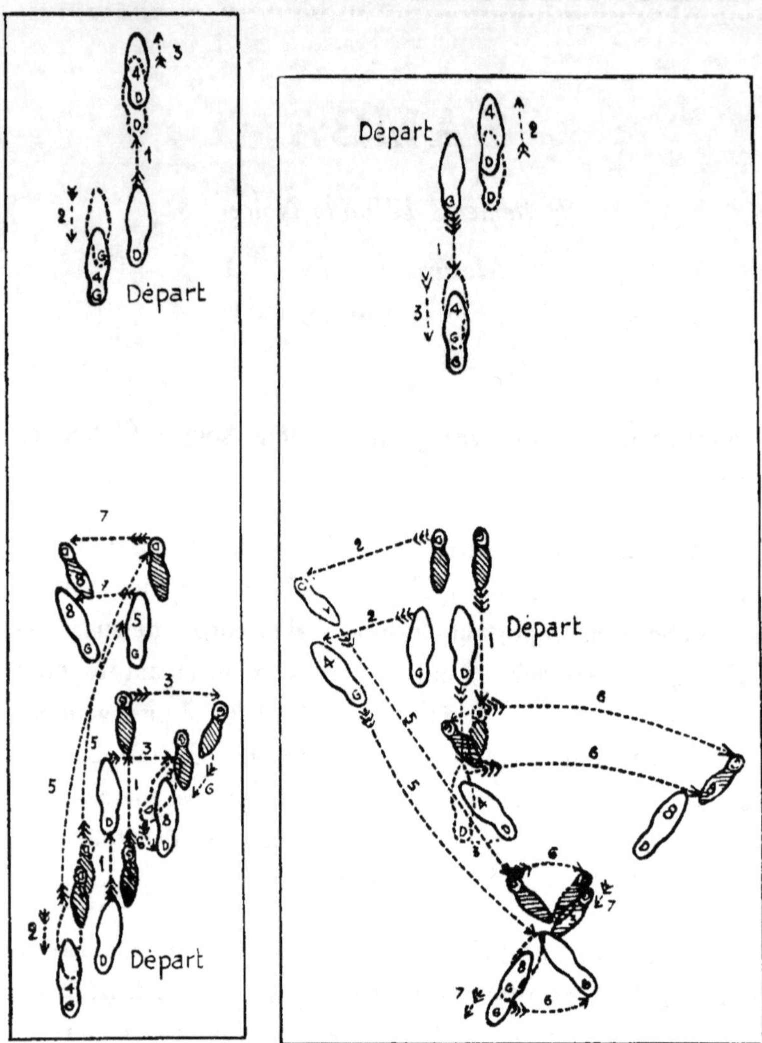

Fig. 1   Fig. 2

arrière du pied droit. Le premier demi-temps du pas de Samba
devient le premier balancé du Moulin (Voir Pivot *One-Step*),

faire 4 balancés arrière et 3 en avant en tournant et demi-temps d'arrêt, reprendre le pas de Samba en portant le pied droit en arrière.

Le Tonneau. — Exécuter le pas de Jazz en tournant à droite pour simuler le Tonneau, incliner le corps du côté opposé au pied. (Voir fig. 6 *Fox-Trott*).

Les Battements - (fig. 3). — *1/2 temps* : Faire un petit pas du pied gauche à gauche et un battu du droit contre le pied gauche. — *1/2 temps* : Eloigner, sans le poser à terre, le droit du gauche. — *1/2 temps* : Deuxième battement du droit. — *1/2 temps* : Arrêt, reprendre sur le pied droit.

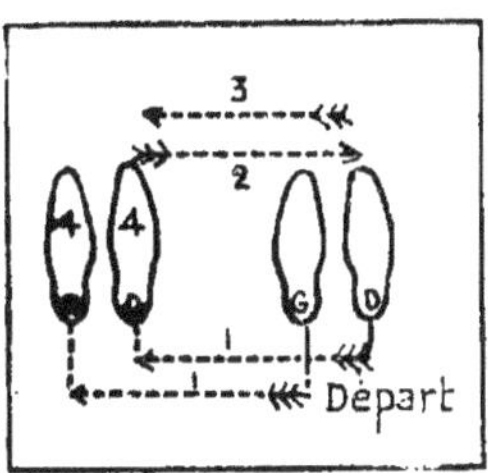

Fig. 3

Les Glissades. — Voir *One-Step*.

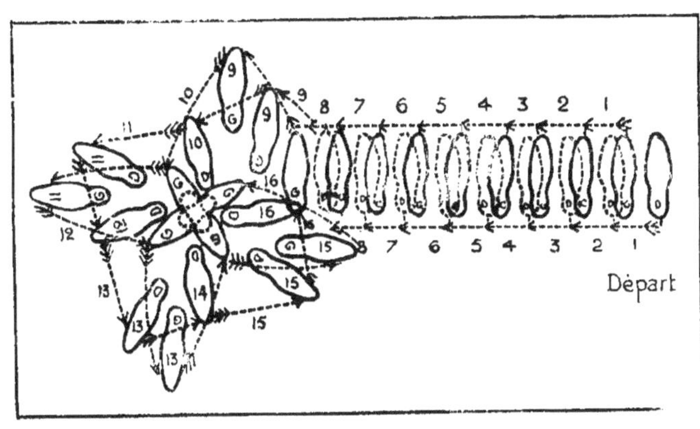

Fig. 4

Les Glissades piquées pointées - (fig. 4). —

1/2 temps : Porter le pied gauche en avant sur le talon et assembler le droit. — *1/2 temps* : Poser la pointe gauche en arrière et assembler le droit, décrire un cercle en exécutant les pas.

Pour finir cette figure, on peut enchaîner le pas de Jazz en tournant à gauche et faire le Tonneau en sens inverse de celui décrit plus haut.

FIVE STEP

Battements 140 à la Noire
Le Five Step se danse sur une musique à 5 temps

Pas du Danseur

1ʳ Figure : **Pas Five Step** - (fig. 1). —
Partir du pied gauche, 4 pas marchés (un pas
par temps), assembler le pied gauche au droit
(5ᵉ temps). Recommencer avec le pied droit.
On peut faire cette figure en tournant à droite
ou à gauche. Pour tourner à gauche porter le
pied droit (lorsqu'il est 4ᵉ temps) en avant et
en tournant, assembler le gauche en finissant le
demi-tour (1 temps), pour tourner à droite faire la
même chose lorsque le pied gauche est 4ᵉ temps.

2ᵉ Figure : **Pas boîteux** - (fig. 2). —
Porter le pied gauche en avant (1 temps), arrêt
(1 temps), porter le pied droit en avant (1 temps),
arrêt (1 temps), porter le gauche en avant sans
temps d'arrêt (1 temps), reprendre du droit.

Pour faire ce pas en tournant, porter le gauche
en avant et arrêt (2 temps), porter le droit en
avant (1 temps), le pied gauche en avant et en
tournant sur la droite (1 temps), assembler le
pied droit au pied gauche (1 temps). Lorsque

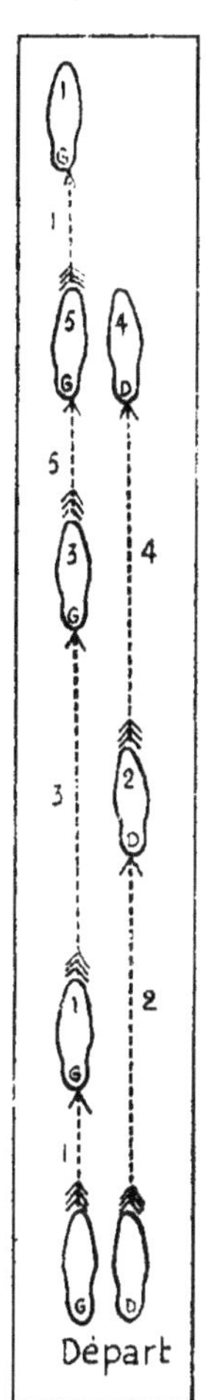

Fig. 1

l'on veut tourner à gauche, commencer cette figure sur le pied droit.

3ᵉ Figure : **Pas courus** - (fig. 3). — Partir du pied gauche un pas et arrêt (2 temps). 3 petits pas courus en comptant 3, 4 et 5, et recommencer du pied gauche.

4ᵉ Figure : **Pas piétinés** - (fig. 4). — Partir du gauche un pas et arrêt (2 temps). Poser le pied droit à côté du gauche (1 temps), soulever le pied gauche légèrement (1 temps), reposer le pied gauche à côté du droit (1 temps), recommencer avec le pied droit.

On peut alterner la 3ᵉ et la 4ᵉ figure.

5ᵉ Figure : **Pivot** - (fig. 5). — Partir du pied gauche en avant (1 temps), pivoter sur ce pied trois-quarts de tour à gauche en rapprochant le pied droit du gauche (1 temps), poser le pied droit à côté du gauche (1 temps), poser le gauche à côté du droit (1 temps), et le pied droit à côté du gauche en avançant un peu (1 temps), finir le quart de tour avec ces 3 petits pas.

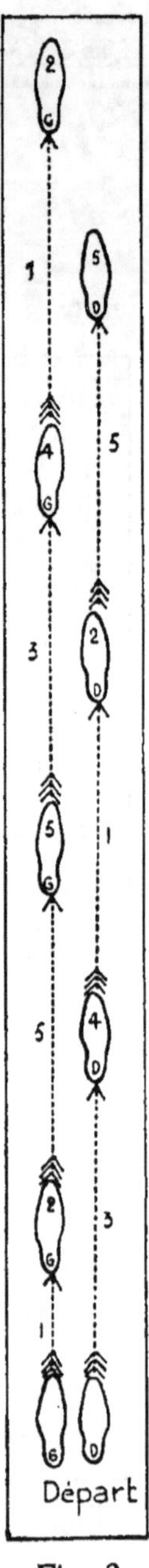

Fig. 2

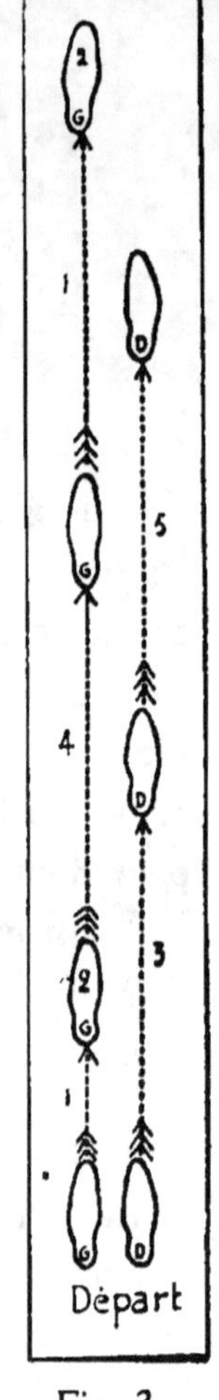

Fig. 3

6e Figure : **Hésitation** (fig. 6). — Partir du pied gauche

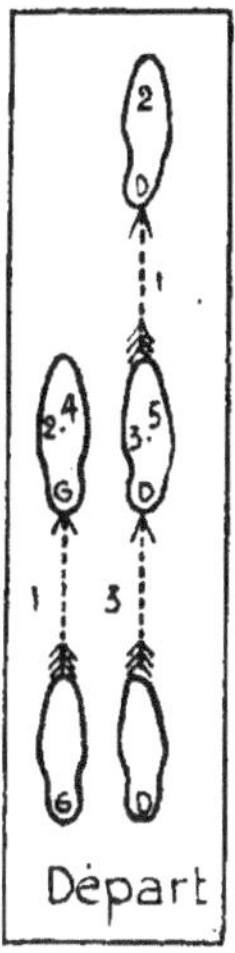

Fig. 4

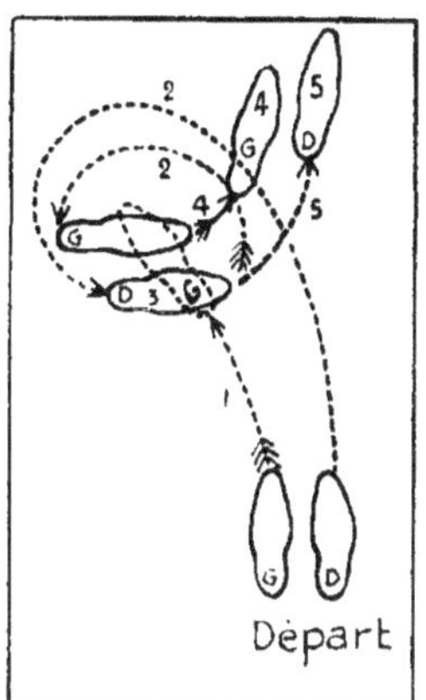

Fig. 5

un pas (1 temps). Hésitation (1 temps), 3 petits pas marchés en avant et en tournant sur la droite (3e, 4e et 5e temps) ; repartir du pied gauche en arrière (1 temps). Hésitation (1 temps), 3 petits pas marchés en arrière et en tournant en comptant 3, 4 et 5, recommencer du pied gauche en avant.

7e Figure : **Marche oblique** ou **Pas croisés** - (fig. 7). — Partir du pied gauche de côté en marche oblique (1 temps), croiser devant pour les deux danseurs (1 temps), porter le pied gauche danseur et droit dame de côté en marche oblique (1 temps), croiser devant pour les deux danseurs (1 temps), porter le pied gauche danseur et droit dame de côté en marche oblique (1 temps), recommencer aussitôt en marche oblique dans l'autre sens.

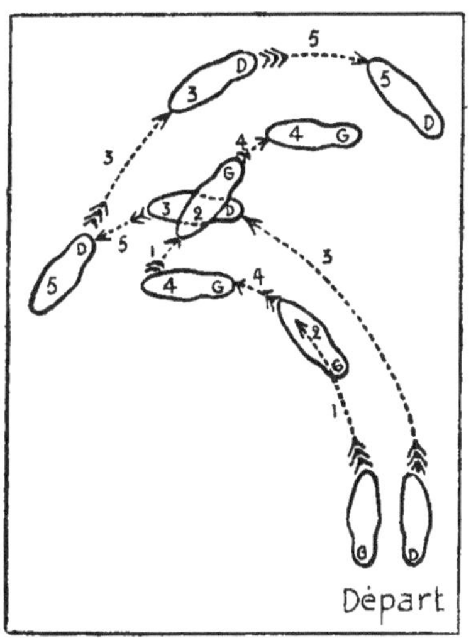

Fig. 6

Variante : Cette dernière figure peut se faire en ne croisant qu'une fois. Partir comme figure 7 (1 temps), arrêt (1 temps), croiser (1 temps), arrêt (1 temps), porter le pied gauche danseur

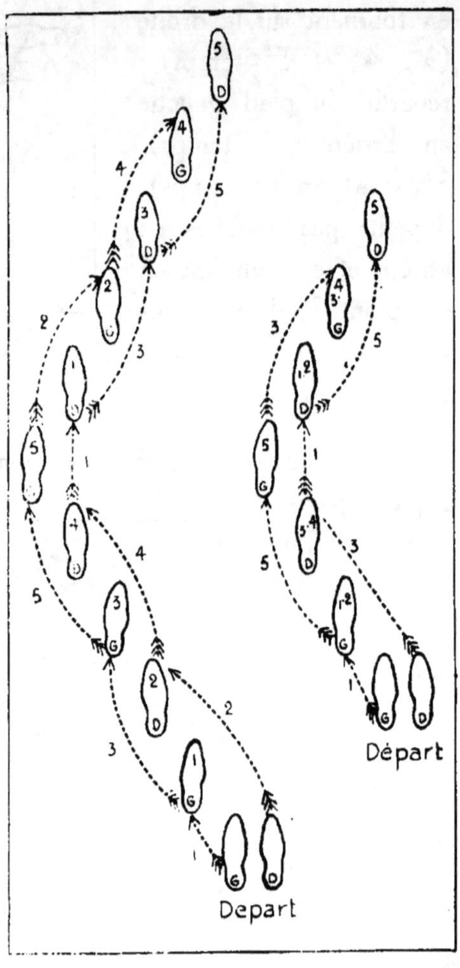

Fig. 7

et droit dame de côté (1 temps), recommencer sur l'autre côté.
Pas de la dame : pas correspondants, pieds opposés.

LE CHARLESTON FRANÇAIS

Battements 160 à la Noire

Mesure à 4 temps

Marche. — 2 temps pas à pas. — *I*ᵉʳ *temps* : Faire un pas du pied droit sur la demi-pointe et abaisser le talon. — *2*ᵉ *temps* : Se soulever sur la demi-pointe droite et porter le pied gauche en avant sur lequel on reprend la même marche qui doit avoir un caractère spécial élastique. Cette marche se fait en avant, en arrière et en tournant.

Demi-Charleston - (fig. 1). — Pendant la marche avant au lieu de porter le pied droit en avant le porter — *I*ᵉʳ *et 2*ᵉ *temps* : En arrière ; — *3*ᵉ *et 4*ᵉ *temps* : Assembler le pied gauche au droit et reprendre la marche en avant du droit.

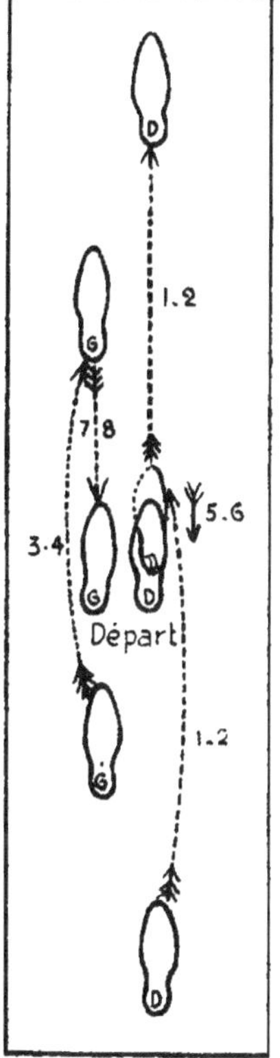

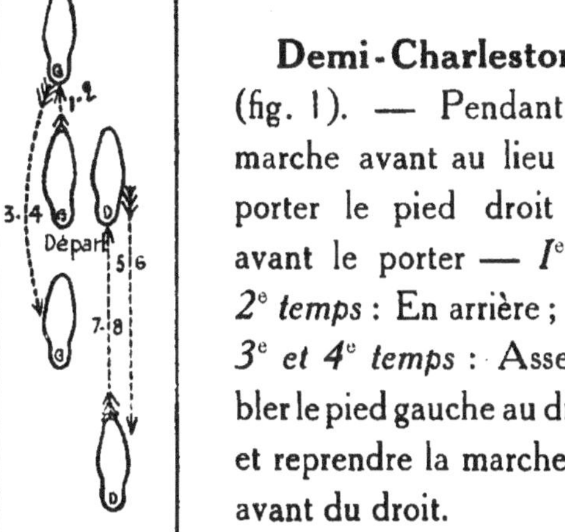

Fig. 2

Charleston - (fig. 2).

Fig. 1

— *1ᵉʳ et 2ᵉ temps* : Pointer le pied gauche en avant ; — *3ᵉ et 4ᵉ temps* : Porter le pied gauche en arrière, le poids du corps dessus ; — *5ᵉ et 6ᵉ temps* : Pointer le pied droit en arrière ; — *7ᵉ et 8ᵉ temps* : Porter le pied droit en avant, le poids du corps dessus.

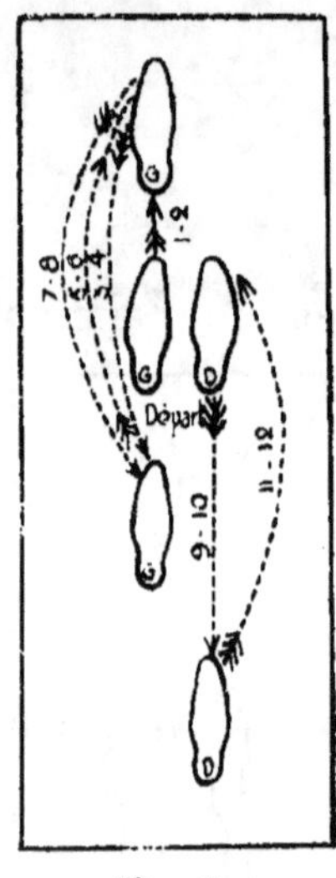

Fig. 3

Double Charleston - (fig. 3). — *1ᵉʳ et 2ᵉ temps* : Pointer le pied gauche en avant ; — *3ᵉ et 4ᵉ temps* : Pointer le gauche en arrière ; — *5ᵉ et 6ᵉ temps* : Pointer le gauche en avant ; — *7ᵉ et 8ᵉ temps* : Porter le pied gauche en arrière, le poids du corps dessus ; — *9ᵉ et 10ᵉ temps* : Pointer le pied droit en arrière ; — *11ᵉ et 12ᵉ temps* : Porter le pied droit en avant en reprenant la marche.

Charleston de côté - (fig. 4). — Etant placé de profil en tournant le dos au centre de la salle : — *1ᵉʳ et 2ᵉ temps* : Pointer le pied gauche en avant ; — *3ᵉ et 4ᵉ temps* : Porter le pied gauche de côté et bien à gauche, en faisant un petit jeté ; — *5ᵉ et 6ᵉ temps* : Pointer le pied droit en arrière ; — *7ᵉ et 8ᵉ temps* : Porter le pied droit en avant, le poids du corps dessus, reprendre la marche en pivotant d'un quart de tour à gauche sur le pied droit.

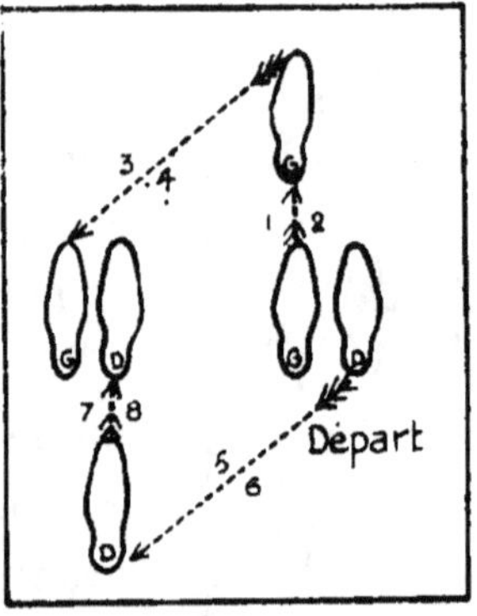

Fig. 4

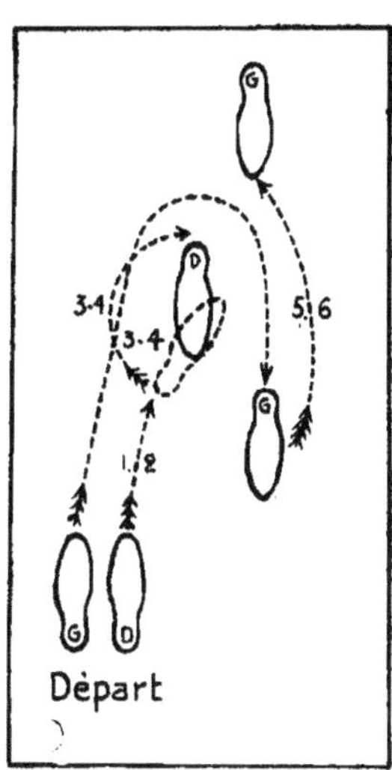

Fig. 5

Charleston en tournant - (fig. 5). — Face à la direction de la danse : — *Ier et 2e temps* : Porter le pied droit en avant, la pointe bien ouverte ; — *3e et 4e temps* : Pivoter sur le pied droit en tournant à droite pour finir le demi-tour et pointer le pied gauche en avant ; — *5e et 6e temps* : Porter le pied gauche en arrière en reprenant la marche en arrière dans le sens de la danse.

Charleston tourné-détourné - (fig. 6). — Faire les 6 temps de la figure précédente ; — *7e et 8e temps*: Porter le pied droit en arrière ; — *9e temps* : Porter le pied gauche en arrière, la pointe bien tournée en dehors ; — *10e temps* : En tournant sur la gauche de façon à revenir face à la direction de la danse, assembler le pied droit au gauche et reprendre la marche du pied gauche.

Battement - (fig. 7). — En faisant face à la direction de

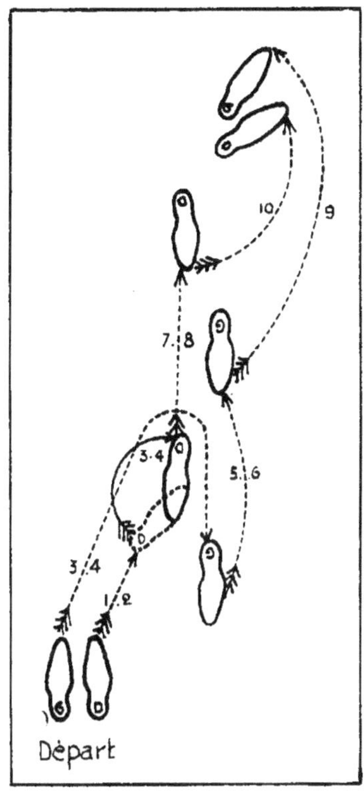

Fig. 6

la danse : — Ier *et* 2e *temps* : Porter le pied gauche à gauche ;
— 3e *et* 4e *temps* : Venir battre le droit au gauche, reprendre ces mouvements à droite. Ce pas se fait une fois ou deux.

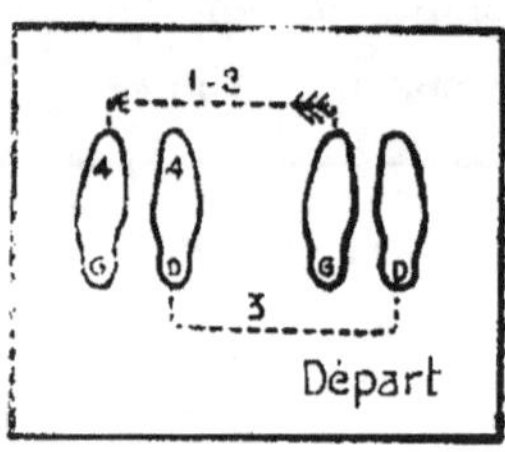

Fig. 7

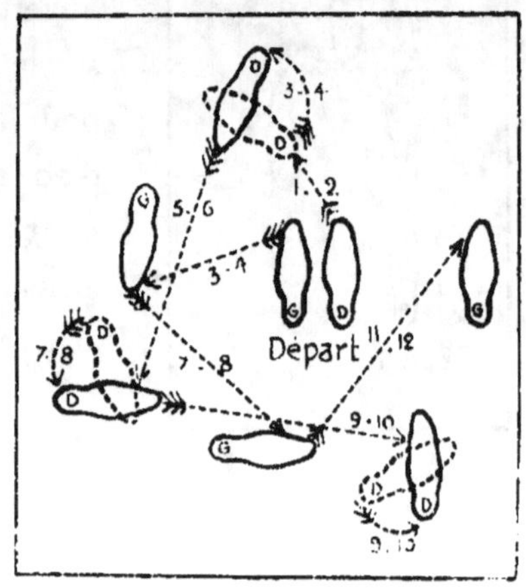

Fig. 8

Le Tour - (fig. 8). — Tenir sa danseuse en position légèrement déboîtée : — Ier *et* 2e *temps* : Faire un pas en avant du droit en tournant à gauche ; — 3e *et* 4e *temps* : Toujours en tournant à gauche, un pas du gauche en tournant devant le droit, reprendre ce pas une, deux ou trois fois pour se retrouver dans le sens de la danse.

LE CHARLESTON AMÉRICAIN

Battements 160 à la Noire

Mesure à 4 temps

Exercices d'assouplissement. — Les pieds, talons réunis, pointes ouvertes, compter 1 en se soulevant sur les pointes des pieds et pivoter en fermant les pieds et en ouvrant les talons, sans les poser au sol (fig. 1) ; à la fin de ce mouvement, les genoux doivent se toucher. Compter 2 en pivotant à nouveau en sens inverse, en ouvrant les pieds et, en faisant toucher les talons, redresser les jambes (fig. 2).

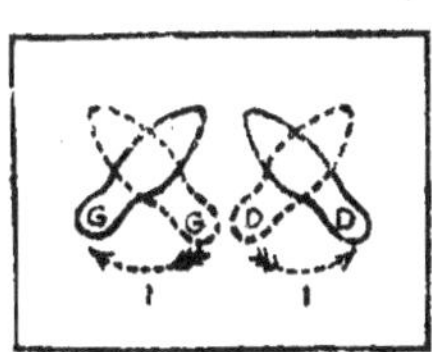

Fig. 1

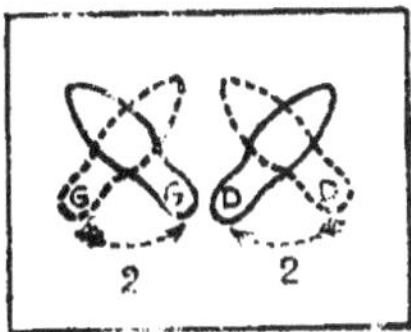

Fig. 2

Lorsque cet exercice ira bien, le recommencer en élevant le pied droit tous les temps 1, ensuite en élevant le gauche tous les temps 1, ceci sans les éloigner davantage que lorsqu'ils restent à terre.

Reprendre en élevant alternativement le pied **gauche** et le pied droit ; c'est après ces différents exercices que l'on peut essayer la marche.

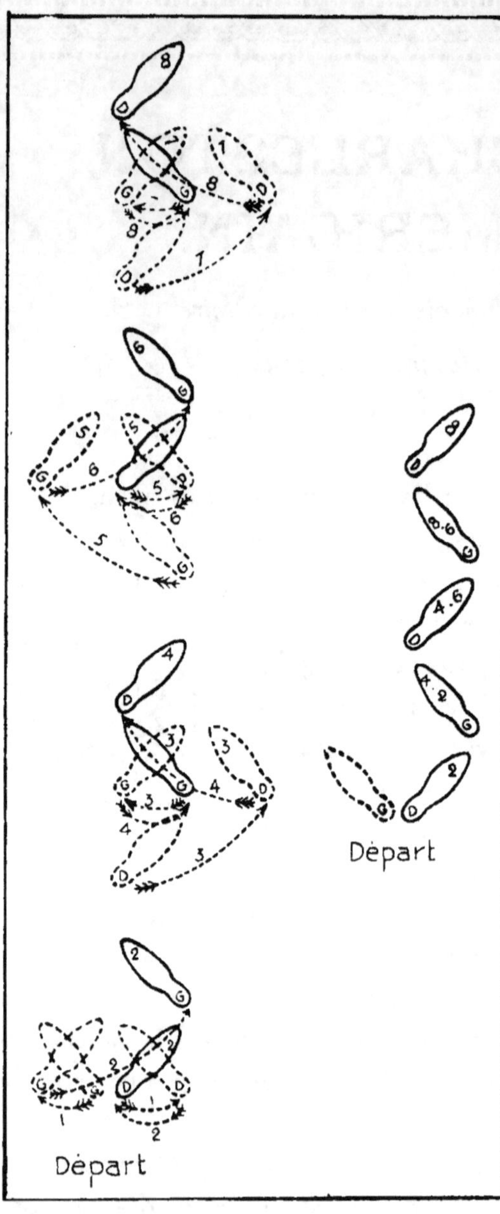

Fig. 3

Elever, comme précédemment, le pied gauche en faisant pivoter le droit (*temps 1*), en revenant en position ouverte (*temps 2*), en plaçant le gauche devant le droit (*temps 3*), élever le droit (*temps 4*), le placer devant le gauche (*temps 5*), élever le gauche (*temps 6*), le placer devant le droit (*temps 7*), élever le droit (*temps 8*), le placer devant le gauche, etc. (fig. 3).

Pas de Charleston. — Pivoter sur le droit en soulevant le gauche (*temps 1*) : en fermant les pieds, poser le gauche devant le droit (*temps 2*); pivoter sur le droit en soulevant le gauche (*temps 3*); en fermant les pieds, poser le gauche derrière le droit (*temps 4*); pivoter sur le gauche en élevant le droit (*temps 5*); en fermant les pieds, placer le droit derrière le gauche (*temps 6*); pivoter en élevant le droit (*temps 7*); en fermant les pieds, placer le droit devant le gauche (*temps 8*) (fig. 4).

Double Charleston.— Après les quatre premiers temps du

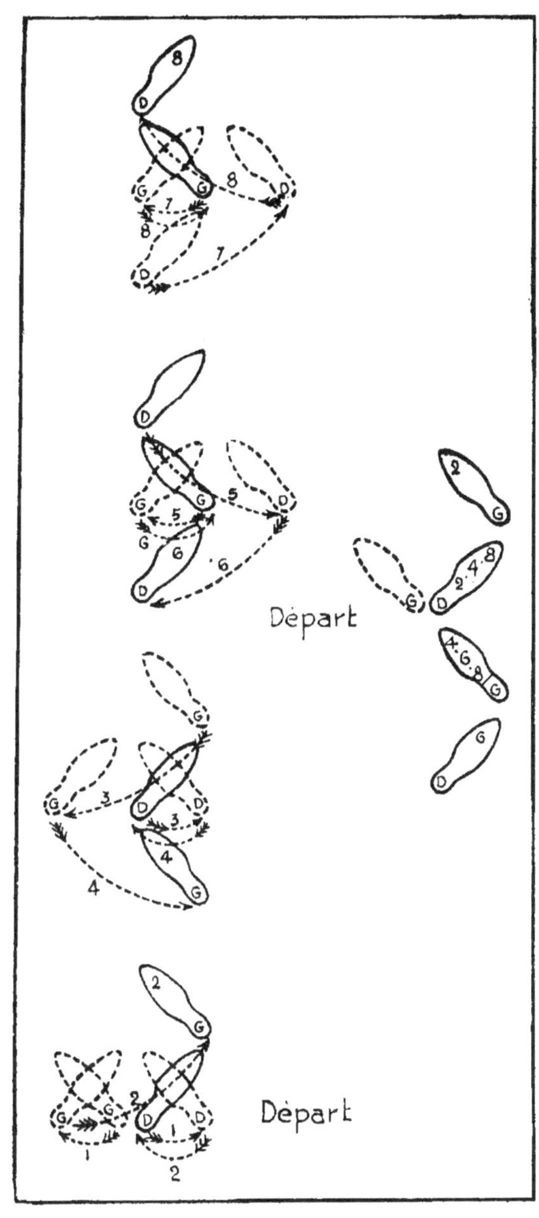

Fig. 4

pas de Charleston, recommencer ce pas en entier (12 temps au total).

Pas de côté. — Pivoter sur le droit en élevant le gauche (*temps I*) ; reposer en fermant les pieds, le gauche à côté du droit (*temps 2*) ; pivoter sur le droit en élevant le gauche (*temps 3*) ; en fermant les pieds, poser le gauche de côté (*temps 4*) ; pivoter sur le gauche en élevant le droit (*temps 5*) ; en fermant les pieds, poser le droit à côté du gauche (*temps 6*) (fig. 5).

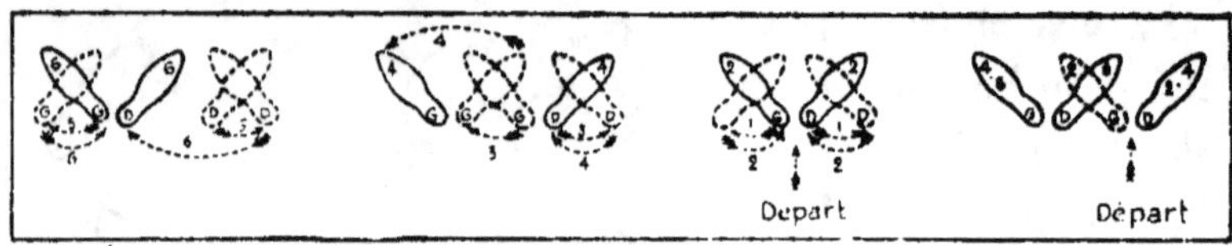

Fig. 5

Pas de côté croisé. — Reprendre le pas précédent en croisant au 6ᵉ temps le droit devant le gauche.

Battements sur place. — En pivotant sur le droit et en élevant le gauche, compter 1 ; en fermant les pieds et en posant le gauche à côté du droit, compter 2 ; en pivotant sur le gauche et en élevant le droit compter 3 ; en fermant les pieds et en rapprochant du gauche, compter 4.

Doubles Battements sur place. — Reprendre le pas précédent, en exécutant deux fois le mouvement sur un pied, et deux fois sur l'autre.

Battements pivotés en avançant de côté. — Pivoter sur la plante du pied gauche en élevant le droit (*I temps*) ;

pivoter sur le talon gauche en rapprochant le talon droit du gauche (*I temps*) ; recommencer autant de fois que l'on veut en pivotant alternativement sur la pointe et le talon du pied gauche (fig. 6) ; ce pas peut se faire sur le pied contraire.

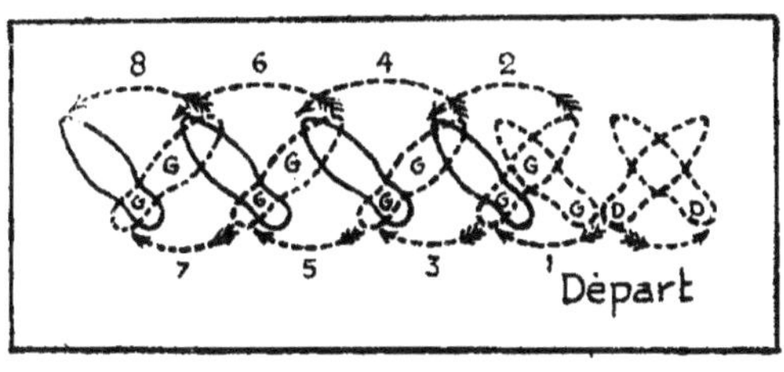

Fig. 6

Le coup de pied. — Faire le pas de Charleston, et soulever le droit en arrière au temps 6, au lieu de croiser derrière (la danseuse le gauche en avant).

Variante. — Faire le pas de Charleston et élever le pied droit en avant à droite de la danseuse au 8e temps (la danseuse le gauche en arrière).

Marche Nègre. — Le corps légèrement penché en avant, les pieds réunis l'un près de l'autre, soulever le talon droit en donnant l'impression que ce pied est très lourd à soulever, reposer le talon à terre en redressant le corps (*I temps*) ; recommencer en avançant légèrement le pied (*I temps*) ; pendant cette marche, avoir la jambe arrière très tendue, le pied à plat, et celle dont le talon se soulève pliée en avant. Reprendre de l'autre pied.

......

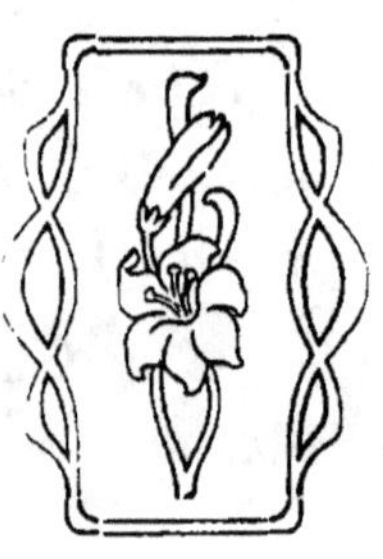

TABLE DES MATIÈRES

(8839.11.26) Imp. E. VEILLON, Enghien-les-Bains (S.-et-O.) — Tél. 204.

QUELQUES DANSES MODERNES
recommandées

Demandez-les à votre marchand de musique

ONE STEP

Piano seul
Prix

G. BONINCONTRO : **Jumpety Jump!** 4.50

FOX-TROT

G. BONINCONTRO : **Let's Jazz!** 4.50

SCOTTISCH ESPAGNOLE

ALMAYRAC : **Todos Munecos** . . . . 5. »

JAVA

G. BONINCONTRO : **Je me la casse**. 4.50

VALSE

G. BONINCONTRO : **Rêvons** . . . . 5. »

BOSTON HÉSITATION

A. GRANDJEAN : **Nalla** . . . . 5. »

TANGO

G. BONINCONTRO : **Humo** . . . . 5. »

Grand Cours de Danse

D. CHARLES

Professeurs diplômés et Membres fondateurs de l'Union des
Professeurs de Danse de France
et de l'Union Syndicale des Professeurs de Danse et
-:- d'Éducation Physique -:-

36, Rue Saint-Sulpice, PARIS

Téléphone : FLEURUS 38-40 — ENGLISH SPOKEN

Métro : Odéon - Saint-Germain-des-Prés — —

— — — — — Saint-Sulpice - Mabillon

Ouvert toute l'année
— de 10 h. à 23 h. —

**Enseignement rapide
et méthodique — Succès garanti**

PRIX MODÉRÉS

LEÇONS PARTICULIÈRES
Cours réservés - Cours privés

*Belle salle très claire, Jardin d'Hiver
Fontaine - Très jolie piste circulaire*

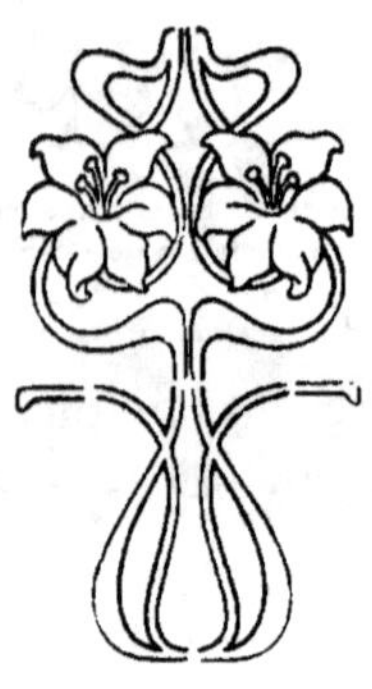

BLACK BOTTOM

Battements 150 à la Noire

Mesure à 4 temps

Marche. — Pieds parallèles, jambe gauche tendue en arrière, jambe droite pliée en avant (1/2 *temps*), en portant le poids du corps sur le pied droit, pivoter sur ce pied (1/2 *temps*), en faisant glisser le gauche en avant (1/2 *temps*), à ce moment c'est la jambe droite qui se trouve tendue en arrière, et la gauche pliée en avant. Pivoter sur le gauche (1/2 *temps*).

Cette marche ressemble aux glissades du patinage (fig. 1).

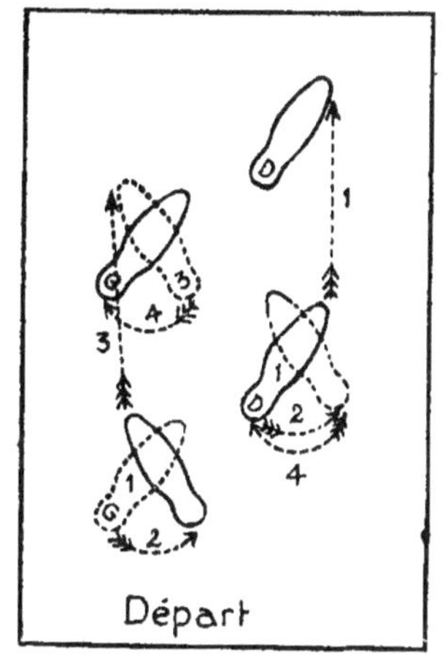

Fig. 1

Double. — Après le pivot, soit d'un pied soit de l'autre, marquer un mouvement pivoté contraire et reprendre du même pied en le portant un peu plus en avant (fig. 2).

Pas de Black. — Les deux pieds réunis, faire une petite glissade sur le côté droit, en pliant un peu les genoux

(1/2 *temps*), ensuite retirer, par une deuxième glissade, les jambes tendues (1/2 *temps*). Reprendre sur la gauche ces deux mouvements. La danseuse exécute les mêmes mouvements en position déboitée (fig. 3).

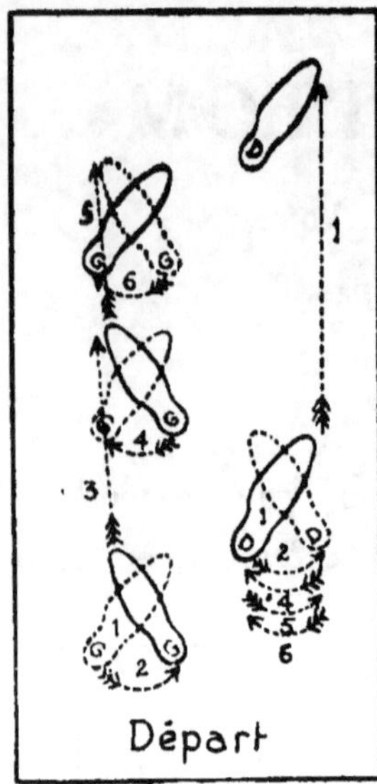

Départ

Fig. 2

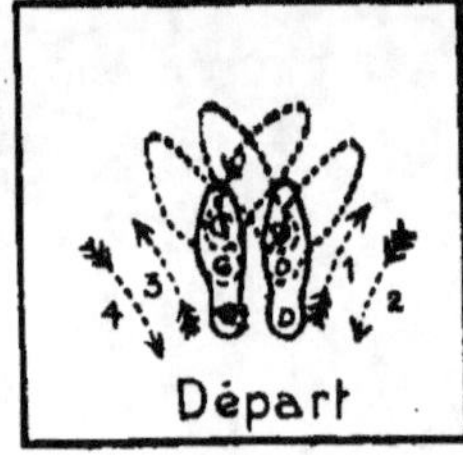

Départ

Fig. 3

Black double. — Reprendre le pas précédent deux fois de suite sur la droite et deux fois de suite sur la gauche.

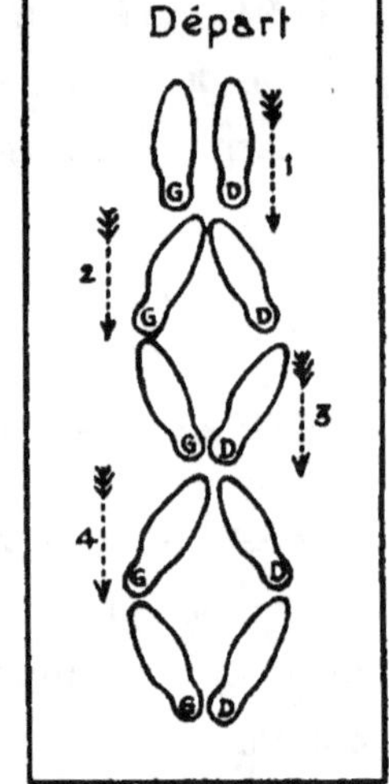

Départ

Fig. 4

Pas tiré. — Les pieds joints, faire une glissade arrière en ouvrant les talons et en pliant un peu les genoux (1/2 *temps*), sur une deuxième glissade rejoindre les talons et redresser les jambes (1/2 *temps*) (fig. 4).

Pas piétiné. — Porter le pied gauche de côté (1 *temps*), assembler le droit au gauche (1 *temps*), soulever le gauche, le reposer à la même place (1/2 *temps*), soulever le droit, le reposer (1/2 *temps*), soulever le gauche, le reposer (1 *temps*),

reprendre du droit à droite. Ce pas peut se faire en tournant.
(fig. 5).

Pas piétiné - *Variante*. — Porter le gauche à gauche
(1 *temps*), croiser le droit devant le gauche (1 *temps*), dégager

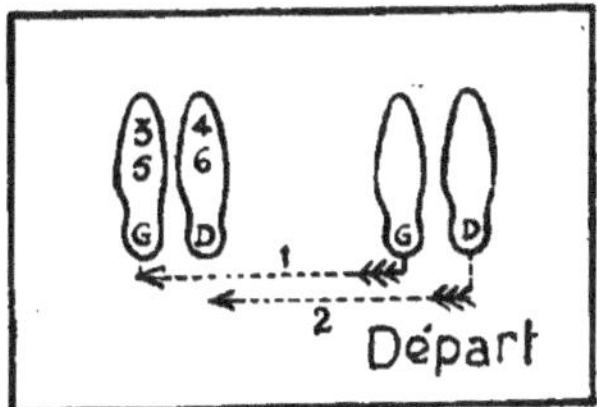

Fig. 5

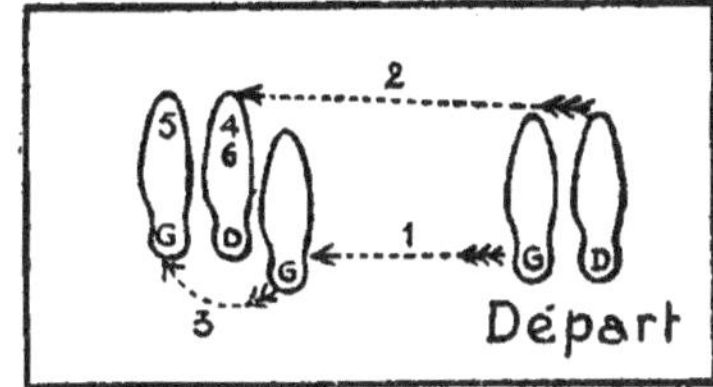

Fig. 6

le gauche, le placer à côté du droit (1/2 *temps*), soulever le
droit et le reposer (1/2 *temps*), soulever le gauche, le reposer
(1 *temps*), reprendre du droit à droite (fig. 6).

Pas rond de jambe. — Les deux pieds réunis prenant
appui sur le talon gauche, ouvrir la pointe gauche et éloigner
le droit soulevé en tournant en
avant et à droite. Ce mouvement
se fait genou gauche un peu plié
(1/2 *temps*).

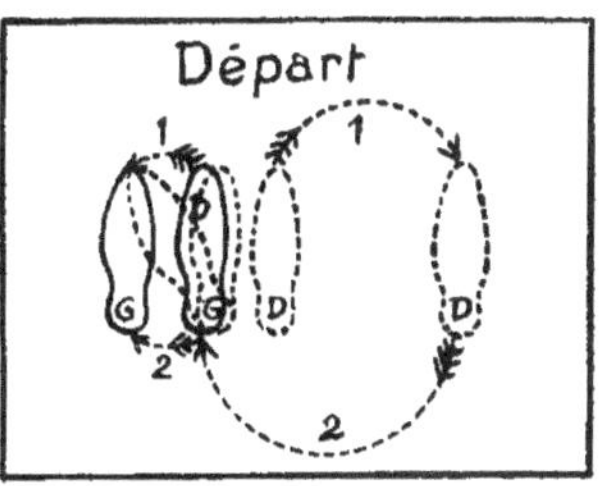

Fig. 7

Prenant appui sur la pointe
gauche, ramener le talon gauche à
gauche, en redressant la jambe
gauche et, avec le pied droit, finir
le rond de jambe en rapprochant
le droit du gauche, sans le poser à terre (1/2 *temps*). Reprendre du même pied, à volonté (fig. 7).

Pas fouetté. — Faire un demi-pas de Charleston du pied droit en commençant en arrière (2 *temps*), porter le pied droit en arrière soulevé (1/2 *temps*) et fouetter le sol en reportant ce même pied en avant et soulevé (1/2 *temps*), faire un petit saut sur le gauche en conservant le droit soulevé (1/2 *temps*), pointer le droit à terre en avant du gauche (1/2 *temps*). La danseuse se trouve à côté de son danseur et fait le même pas du pied inverse. Reprendre du même pied (fig. 8).

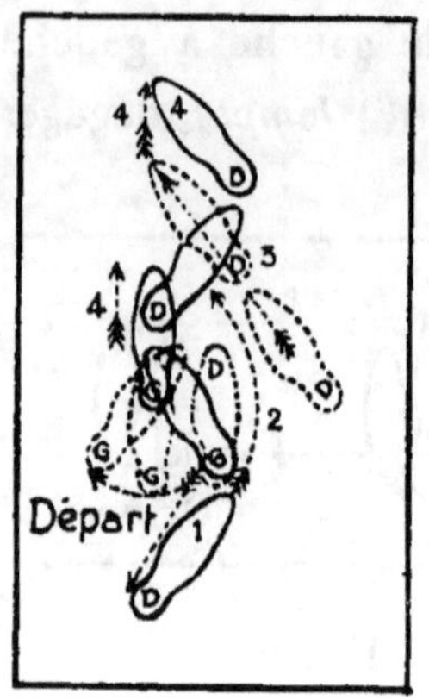

Fig. 8

Pas fouetté déboité. — Faire le même pas, la danseuse en position déboitée, une fois d'un côté, une fois de l'autre.

Saut de chat. — Porter le pied gauche de côté en faisant un petit saut et poser le droit croisé devant le gauche, en tournant d'un quart de tour sur la gauche (1 *temps*), arrêt (*1 temps*), dégager le gauche et le porter à côté du droit (1/2 *temps*), soulever le droit et le reposer (1/2 *temps*), soulever le gauche et le reposer (1 *temps*). Reprendre le saut sur la droite en faisant presque un demi-tour (fig. 9).

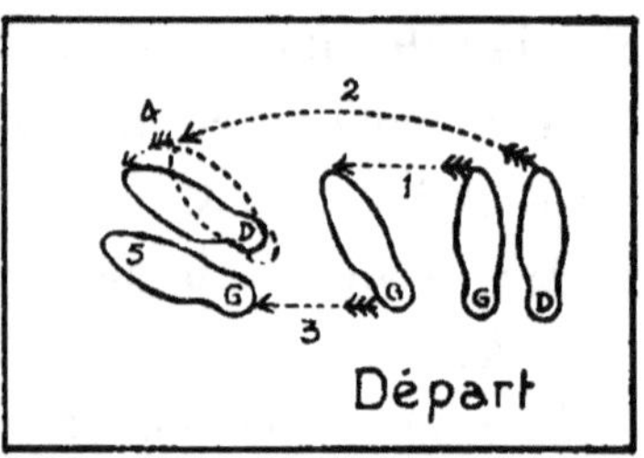

Fig. 9

Pas de Black de côté. — Porter le pied gauche de côté

(1 *temps*), croiser le droit devant le gauche (1 *temps*), dégager

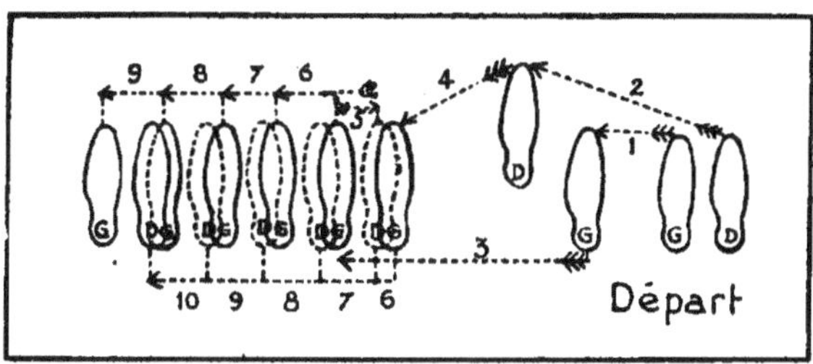

Fig. 10

le gauche et le porter à gauche (1 *temps*), soulever le droit et
assembler (1 *temps*), battu du gauche au droit (1 *temps*).
Tous ces déplacements des pieds peu-
vent se faire avec le mouvement de
Charleston.

Déplacer le gauche, le porter de côté
le poids du corps dessus, la jambe droite
soulevée et tendue de côté (1/2 *temps*),
3 petits sauts du côté gauche sur le pied
gauche, toujours la jambe droite légèrement soulevée du côté droit et tendue
(*trois* 1/2 *temps*), assembler le droit au
gauche (1 *temps*) (fig. 10).

Charleston tiré simple. —
Ouvrez les talons, le poids du corps
sur le gauche, pied droit soulevé pointe
en dedans (1/2 *temps*), croiser le pied
droit soulevé derrière le gauche, refer-
mer le talon gauche en tirant en glissade

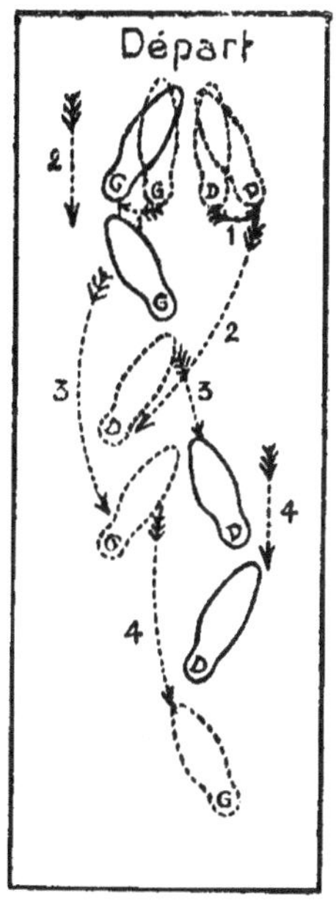

Fig. 11

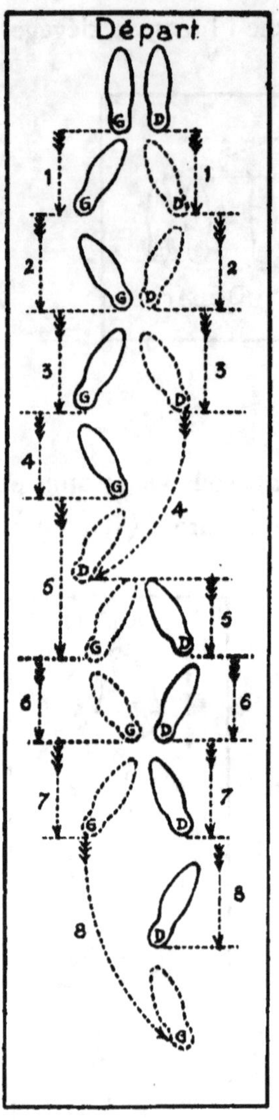

Fig. 12

arrière le pied gauche (1/2 *temps*).
Reprendre le même pas sur le pied
opposé (1 *temps*) (fig. 11).

Charleston tiré double. —
Ouvrez les talons le poids du corps
sur le gauche, pied droit soulevé
pointe en dedans (1/2 *temps*), un
battement du droit sur le gauche et
glissade du gauche en refermant le
talon gauche (1/2 *temps*), ajoutez
les deux premiers pas précédents,
reprendre ces quatre demi-temps sur
le pied opposé (fig. 12).

DANSES AVEC THÉORIES

CHORÉGRAPHIE RÉGLÉE
par *G. DESRAT*, professeur

		Piano seul avec la théorie
A. Artus	Quadrille américain	**6 frs**
—	Rondes et refrains populaires, pour bals d'enfants.	**6** »
Desgranges	Menuet de la cour (le)	**6** »
Dumouchel	Mazourke (la)	**6** »
A. Marsan	Pas de quatre (le)	**6** »
Cl. Signoret	Boston's valse	**6** »
	Bourrée (la)	**6** »
—	Berline (la)	**6** »
—	Pavane (la) d'après Thoinot Arbeau	**6** »
—	Gavotte de Vestris (la)	**6** »
—	Régent (le) quadrille, accompagné de l'historique de chaque figure	**6** »
—	Swedish (la)	**6** »

CHORÉGRAPHIE RÉGLÉE
par *C. MOUNIER*

C. Mounier	Autrichienne (l')	**6** »
	Néva (la)	**6** »
—	Pavane des patineurs (la)	**6** »

CHORÉGRAPHIE RÉGLÉE
par *L. OHMANN*, professeur

G. Bonincontro	Friuli, vraie furlana du Frioul	**6** »